Hi! I am Mike Murphy, a Book's Interior Designer and Puzzles Lover. You can check all my publications on Amazon.com by search " Mike Murphy"

I have several other series maybe help for you:

- Chess Score Notebook
- Go Score Notebook
- Chinese Chess Score Notebook
- Basketball game Stats Book
- Baseball ScoreBook
- My Food and Exercise Journal

This Book Belongs To
_____

Email
_____

Cell
_____

Baseball Scorecard

Game Date: 5/3/21
Home Team: St. Louis — Final Score: 6
Visiting Team: Mets (NYM) — Final Score: 5
Start: 7:45 **End:** 11:09

Lights Went Out 0-1

Lineup (Mets)

#	Players	POS
	McNeil	2B
	Lindor	SS
	Conforto	CF
	Alonso	1B
	Smith	
	Pillar	
	Villar	
	Nido	
	Luchesi / Gsellman	P / P
	Almora Jr / Peraza	PH / PH

Inning Sums

Inning	1	2	3	4	5	6	7	8	9	10	11
Runs	0	2	3	0	0	0	0	0	0		
Hits	6	2	3	1	1	1	0	0	0		
Errors	0	0	0	0	0	0	0	0	0		
Left on base	0	3	0	1	0	2	1	0	2		

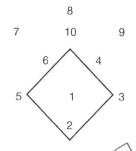

2hr

#	Pitchers	W/L/S	IP	H	R	ER	BB	SO	HB	BK	TBF
47	Luchesi	L	2.2	7	6	6	1	1	0	0	15
	Gsellman		2.1	0	0	0	0	0	0	0	9
	Reid-Foley		2	2	0	0	0	3	0	0	7
	Barnes		1	0	0	0	1	0	0	0	4

#	Catchers	PB

Pitching Nine Grid

DeJong → Met killer - proven

Game Date ___/___/_____		Final Score		Time		Referee			
Home Team				Start		HP		2B	RF
Visiting Team				End		1B		3B	LF

STL

#	Players	POS	1	2	3	4	5	6	7	8	9	AB	R	RBI
	Edman		1B R		9	K			2B					
	Carlson		SF-9		1B	8			K					
	Goldschmidt	1b	BB		1B	4-3								
	Arenado	3b	6-3			L-5 4			BB					
	DeJong		P2	2B		5			K					
27	O'Neill		5-3			K			6-4					
	Bader	cf	HR	9		5-4-3								
	Kvszner	C	K		90 4				K					
	Wainwright	P		K	K									
	Carpenter	PH							P8					

	Inning	1	2	3	4	5	6	7	8	9	10	11
S U M S	Runs	1	1	4	0	0	0	0	0			
	Hits	1	1	5	0	0	0	1	0			
	Errors	0	0	0	0	0	0	0	0			
	Left on base	0	0	1	0	0	0	1	1			

3B coach - Stubby

1000th Career K ↓

#	Pitchers	W/L/S	IP	H	R	ER	BB	SO	HB	BK	TBF		#	Catchers	PB
	Wainwright	W	5.2	8	5	0	2	5	1	0	27				
	Cabrera		1	0	0	0	2	1	0	0	5				
	Helsley		.1	0	0	0	0	0	0	0	1				
	Gallegos		1	0	0	0	0	0	0	0	3				
	Reyes	SV	1	0	0	0	2	0	0	0	4				

Pitching Nine Grid

→ OOF!

Game Date 5/5/2021		Final Score		Time		Referee		
Home Team	Yankees	6		Start 7:05	HP		2B	RF
Visiting Team	Tr Astros	3		End 10:45	1B		3B	LF

Yankees

#	Players	POS	1	2	3	4	5	6	7	8	9	AB	R	RBI
	LeMahieu	2B	K		hb		BB		3U					
	Stanton	DH	K				2B			BB				
	Judge	RF	K		K		K		K	K				
	Urshela	3B		BB		1-3			F3	L				
	Gleyber	SS		P3		F7		F7						
	Ford / Frasier	1B		K	K			F8						
	Hicks	CF			1-3			4 PU	2B					
	Sanchez	C			F8		K			hbp				
	Gardner	LF		K		1B		P3	F7 SAC					
	Wade													

	Inning	1	2	3	4	5	6	7	8	9	10	11
S U M S	Runs	0	0	2	0	1	0	0	3			
	Hits	0	0	1	0	2	2	1	3			
	Errors	0	0	0	0	0	0	0	0			
	Left on base	0	1	1	0	1	3	1	2			

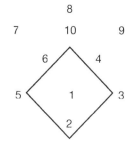

QS

#	Pitchers	W/L/S	IP	H	R	ER	BB	SO	HB	BK	TBF
47	Monty		6	8	3	3	0	4	0	0	23
	Cresson		.2	0			1	0	0	0	3
	Peralta		.1	0	0	0	0	1	0	0	1
	Loaisiga		1	0	0	0	0	1	0	0	3
	Chapman		1	0	0	0	0	1	0	0	3

#	Catchers	PB

Pitching Nine Grid

Game Date __/__/__		Final Score		Time		Referee			
Home Team				Start		HP	2B		RF
Visiting Team				End		1B	3B		LF

Trashstros

#	Players	POS	1	2	3	4	5	6	7	8	9	AB	R	RBI
	Altuve loser	2b	1B		5-3		f8			K	OUT			
	Brantley	LF				1B	1-3			6-3				
	Bregman	3b				1B		5-3		5-3				
	Alvarez	DH		K		9-6		K			K			
	Correa	SS	K					f7			4-3			
	Gurriel	1b		K		1B			f9		K			
	Diaz	RF				1B			1-8					
	Straw	CF			1B	f8			W					
	Castro	C			463 DP	f9			K					

	Inning	1	2	3	4	5	6	7	8	9	10	11
S U M S	Runs	0	0	0	3	0	0	0	0	0		
	Hits	1	0	2	5	0	0	0	0	0		
	Errors	0	0	0	0	0	0	0	0	0		
	Left on base	0	0	1	1	0	0	1	0	0		

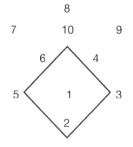

#	Pitchers	W/L/S	IP	H	R	ER	BB	SO	HB	BK	TBF		#	Catchers	PB
	Garcia		5.2	3	3	3	8	6	1	0	19				
	Stanek		1	3	0	0	1	1	0	0	7				
	Abreu		1.1	1	0	0	1	7	0	0	4				
	Raley		0.2				1	0	0	0	3				

Pitching Nine Grid

Baseball Scorecard

Home Team: METS
Visiting Team: ORIOLES
Start: 7:10 PM

Note: ALMORA DIES

Orioles Batting

#	Players	POS	1	2	3	4	5	6	7	8	9	AB	R	RBI
31	CEDRIC MULLINS	CF	1B	6-3	F8		6	7				5	0	0
	AUSTIN HAYES		E5	1-3		F8		3B	4U					
16	TREY MANCINI	1B	FC	K	7			K						
6	RYAN MOUNTCASTLE	LF	F9	4-3		E7	K							
2	FREDDY GALVIS	SS	3	4-3		G	B							
3	MAIKEL FRANCO	3B		K	5-3		1B	F8						
14	RIO RUIZ		6-1		K	5-3	F7							
28	PEDRO SEVERINO	C	1B	BB		BB	1B	BB						
	JOHN MEANS / PAT VALAIKA		K		FC	SAC	1B							
29	URIAS													

Mets Pitching

			1	2	3	4	5	6	7	8	9
	FAMILIA	22								22	
	MAY	18								18	
	LOUP	8							8		
	STROMAN	89	21	13	14	8	18	11	6		

Sums

Inning	1	2	3	4	5	6	7	8	9	10	11
Runs	0	0	0	0	0	0	1	1	0		
Hits	1	1	0	0	0	0	2	2	1		
Errors	0	0	0	0	0	0	0	0	0		
Left on base	2	1	0	0	1	0	1	1	2		

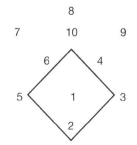

#	Pitchers	W/L/S	IP	H	R	ER	BB	SO	HB	BK	TBF
0	STROMAN		7.1	4	1	1	2	6	0	0	
32	ADAM LOUP										
	TREVOR MAY										
27	FAMILIA										

#	Catchers	PB

Pitching Nine Grid

PENULTIMATE DAY OF RAMADAN   METS 6TH WIN IN A ROW

Game Date	5/11/2021	Final Score		Time		Referee		
Home Team	METS	3		Start 7:10	HP		2B	RF
Visiting Team	ORIOLES	2		End 10:26	1B		3B	LF

UMP CALLED FOUL HOMER

#	Players	POS	1	2	3	4	5	6	7	8	9	AB	R	RBI
6	McNEIL		1B		1B			1B		K				
18	PERAZA													
12	LINDOR	SS	1-3		P5			1B		BB				
50	CONFORTO	RF	F8		F9			FC		1B				
20	ALONSO	1B	F8			1R		P3		463				
11	PILLAR	LF		P7		1B		F8			1B			
1	VILLAR	3B		3-1		P4			BB		1B			
93	McCANN	C		F8			K		6-4-3		K			
4	ALMORA JR			P4		K			5-3		1B			
	DOM SMITH													
0	STROMAN	P		K	F6					BB				
	NIDO													
76	MAZEIKA									FC 3-1				
	VALDEZ													
	SCOTT	16								16				
	PLUTKO	8							8					
	MEANS	74	11	7	12	17	16	11						

	Inning	1	2	3	4	5	6	7	8	9	10	11
S U M S	Runs	0	0	0	0	0	0	0	1	2		
	Hits	1	0	1	2	0	2	0	1	4		
	Errors	1	0	0	0	0	0	0	0	0		
	Left on base	1	0	0	2	0	2	0	1	1		

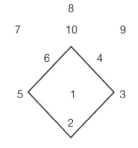

#	Pitchers	W/L/S	IP	H	R	ER	BB	SO	HB	BK	TBF
	MEANS										
	PLUTKO		1.1								
	SCOTT											
	CESAR VALDEZ										

#	Catchers	PB

Pitching Nine Grid

Baseball Scorecard

Game Date: 5/15/2021
Home Team: RAYS
Visiting Team: METS
Start: 1:10 PM

Lineup

#	Players	POS
	AROZARENA	
	LOWE	
	DIAZ	
	WENDLE	3B
	MARGOT	RF
1	ADAMES	
	ZUNINO	C
35	PHILLIPS	
43	BROUSEN	
	FAMILIA	
	BARNES	
	HUNTER	
	REID FOLEY	
	LUCCHESI	
	SMITH	

Sums

Inning	1	2	3	4	5	6	7	8	9	10	11
Runs	1	0	0	3	5	0	0	6			
Hits	2	0	0	3	5	1	1	4			
Errors	0	0	0	0	0	0	0	0			
Left on base	1	0	0	1	1	2	0	1			

Pitch counts: 24 / 31 / 21 / 8

#	Pitchers	W/L/S	IP	H	R	ER	BB	SO	HB	BK	TBF
	DREW SMITH		2	2	1	1	0	3	0	0	8
47	LUCCHESI		1.2	3	4	1	2	0	0	10	
	REID FOLEY		1.1	2	1	0	2	0	0	7	
29	HUNTER		2	2	0	0	2	1	1	0	11
40	BARNES		0	2	3	1	0	0	0	3	
	FAMILIA		1	4	6	3	2	2	0	0	7

#	Catchers	PB

Pitching Nine Grid

Baseball Scorecard

Game Date __/__/__		Final Score		Time		Referee		
Home Team	RAYS			Start 1:10 PM		HP	2B	RF
Visiting Team	METS			End		1B	3B	LF

Batting

#	Players	POS	1	2	3	4	5	6	7	8	9	AB	R	RBI
11	PILLAR	CF	K 3	F8 4	P3 4			K 3		F8				
86	HAGER													
12	LINDOR	SS	K 7	K 4	K 3					HR 2	K			
	CONFORTO		1B 2	K 6	F8					7-6				
	ALONSO	1B	K 5	HR 2	F9 1					F-7 3				
	SMITH		1B 1	1B 3				6-3		BB 5				
33	McCANN	DH	1B 5	BB 4				K 7		K 5				
1	VILLAR	3B	FC 3	1-3 3				F8 2		1B 4				
	NIDO	C	K 4	1-6 2					K 3	F8				
	PERAZA		HR 2	P3 3					K 4	F8 2				
	REED									12				
	SPRINGS								21					
	KITTERIDGE							10	10					
	McCLANAHAN		17	19	22	9	5	2						
			26	48	57	62	64	20	21	28				

Sums

	Inning	1	2	3	4	5	6	7	8	9	10	11
S U M S	Runs	0	3	1	0	0	0	0	1	0		
	Hits	1	3	2	0	0	0	0	1	1		
	Errors	1	0	0	0	0	0	2	1	0		
	Left on base	1	0	2	0	0	0	0	0	1		

#	Pitchers	W/L/S	IP	H	R	ER	BB	SO	HB	BK	TBF
62	MCCLANAHAN		5.1	6	4	4					
36	KITTREDGE		1.2	0	0	0	0	4	0	0	6
	SPRINGS		1	1	1	1	1	2	0	0	5
21	REID		1								

#	Catchers	PB

Pitching Nine Grid

Game Date ___/___/_____		Final Score		Time		Referee			
Home Team				Start		HP	2B		RF
Visiting Team				End		1B	3B		LF

#	Players	POS	1	2	3	4	5	6	7	8	9	AB	R	RBI

	Inning	1	2	3	4	5	6	7	8	9	10	11
SUMS	Runs											
	Hits											
	Errors											
	Left on base											

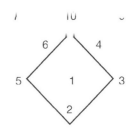

#	Pitchers	W/L/S	IP	H	R	ER	BB	SO	HB	BK	TBF

#	Catchers	PB

Pitching Nine Grid

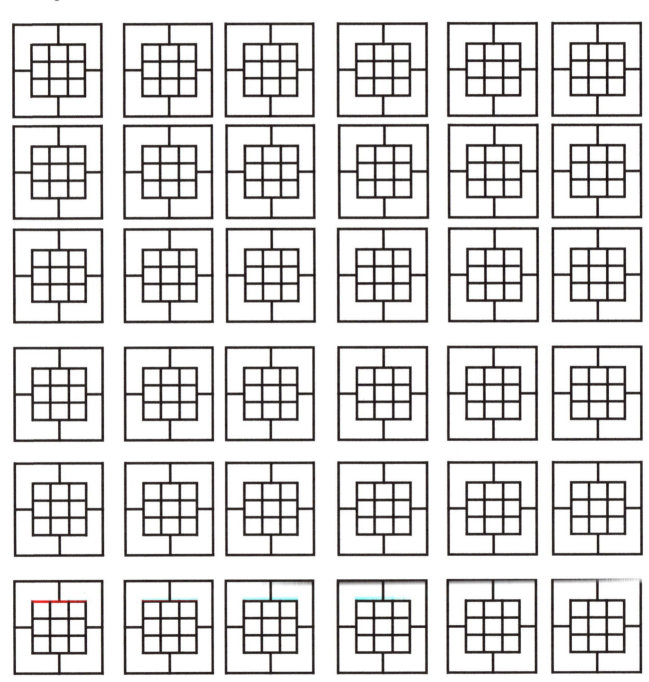

Game Date ____/____/________	Final Score	Time	Referee		
Home Team		Start	HP	2B	RF
Visiting Team		End	1B	3B	LF

#	Players	POS	1	2	3	4	5	6	7	8	9	AB	R	RBI
			1B 2B 3B HR BB OUT	1B 2B 3B HR BB OUT	1B 2B 3B HR BB OUT	1B 2B 3B HR BB OUT	1B 2B 3B HR BB OUT	1B 2B 3B HR BB OUT	1B 2B 3B HR BB OUT	1B 2B 3B HR BB OUT	1B 2B 3B HR BB OUT			
			1B 2B 3B HR BB OUT	1B 2B 3B HR BB OUT	1B 2B 3B HR BB OUT	1B 2B 3B HR BB OUT	1B 2B 3B HR BB OUT	1B 2B 3B HR BB OUT	1B 2B 3B HR BB OUT	1B 2B 3B HR BB OUT	1B 2B 3B HR BB OUT			
			1B 2B 3B HR BB OUT	1B 2B 3B HR BB OUT	1B 2B 3B HR BB OUT	1B 2B 3B HR BB OUT	1B 2B 3B HR BB OUT	1B 2B 3B HR BB OUT	1B 2B 3B HR BB OUT	1B 2B 3B HR BB OUT	1B 2B 3B HR BB OUT			
			1B 2B 3B HR BB OUT	1B 2B 3B HR BB OUT	1B 2B 3B HR BB OUT	1B 2B 3B HR BB OUT	1B 2B 3B HR BB OUT	1B 2B 3B HR BB OUT	1B 2B 3B HR BB OUT	1B 2B 3B HR BB OUT	1B 2B 3B HR BB OUT			
			1B 2B 3B HR BB OUT	1B 2B 3B HR BB OUT	1B 2B 3B HR BB OUT	1B 2B 3B HR BB OUT	1B 2B 3B HR BB OUT	1B 2B 3B HR BB OUT	1B 2B 3B HR BB OUT	1B 2B 3B HR BB OUT	1B 2B 3B HR BB OUT			
			1B 2B 3B HR BB OUT	1B 2B 3B HR BB OUT	1B 2B 3B HR BB OUT	1B 2B 3B HR BB OUT	1B 2B 3B HR BB OUT	1B 2B 3B HR BB OUT	1B 2B 3B HR BB OUT	1B 2B 3B HR BB OUT	1B 2B 3B HR BB OUT			
			1B 2B 3B HR BB OUT	1B 2B 3B HR BB OUT	1B 2B 3B HR BB OUT	1B 2B 3B HR BB OUT	1B 2B 3B HR BB OUT	1B 2B 3B HR BB OUT	1B 2B 3B HR BB OUT	1B 2B 3B HR BB OUT	1B 2B 3B HR BB OUT			
			1B 2B 3B HR BB OUT	1B 2B 3B HR BB OUT	1B 2B 3B HR BB OUT	1B 2B 3B HR BB OUT	1B 2B 3B HR BB OUT	1B 2B 3B HR BB OUT	1B 2B 3B HR BB OUT	1B 2B 3B HR BB OUT	1B 2B 3B HR BB OUT			
			1B 2B 3B HR BB OUT	1B 2B 3B HR BB OUT	1B 2B 3B HR BB OUT	1B 2B 3B HR BB OUT	1B 2B 3B HR BB OUT	1B 2B 3B HR BB OUT	1B 2B 3B HR BB OUT	1B 2B 3B HR BB OUT	1B 2B 3B HR BB OUT			
			1B 2B 3B HR BB OUT	1B 2B 3B HR BB OUT	1B 2B 3B HR BB OUT	1B 2B 3B HR BB OUT	1B 2B 3B HR BB OUT	1B 2B 3B HR BB OUT	1B 2B 3B HR BB OUT	1B 2B 3B HR BB OUT	1B 2B 3B HR BB OUT			
			1B 2B 3B HR BB OUT	1B 2B 3B HR BB OUT	1B 2B 3B HR BB OUT	1B 2B 3B HR BB OUT	1B 2B 3B HR BB OUT	1B 2B 3B HR BB OUT	1B 2B 3B HR BB OUT	1B 2B 3B HR BB OUT	1B 2B 3B HR BB OUT			
			1B 2B 3B HR BB OUT	1B 2B 3B HR BB OUT	1B 2B 3B HR BB OUT	1B 2B 3B HR BB OUT	1B 2B 3B HR BB OUT	1B 2B 3B HR BB OUT	1B 2B 3B HR BB OUT	1B 2B 3B HR BB OUT	1B 2B 3B HR BB OUT			
			1B 2B 3B HR BB OUT	1B 2B 3B HR BB OUT	1B 2B 3B HR BB OUT	1B 2B 3B HR BB OUT	1B 2B 3B HR BB OUT	1B 2B 3B HR BB OUT	1B 2B 3B HR BB OUT	1B 2B 3B HR BB OUT	1B 2B 3B HR BB OUT			
			1B 2B 3B HR BB OUT	1B 2B 3B HR BB OUT	1B 2B 3B HR BB OUT	1B 2B 3B HR BB OUT	1B 2B 3B HR BB OUT	1B 2B 3B HR BB OUT	1B 2B 3B HR BB OUT	1B 2B 3B HR BB OUT	1B 2B 3B HR BB OUT			
			1B 2B 3B HR BB OUT	1B 2B 3B HR BB OUT	1B 2B 3B HR BB OUT	1B 2B 3B HR BB OUT	1B 2B 3B HR BB OUT	1B 2B 3B HR BB OUT	1B 2B 3B HR BB OUT	1B 2B 3B HR BB OUT	1B 2B 3B HR BB OUT			
			1B 2B 3B HR BB OUT	1B 2B 3B HR BB OUT	1B 2B 3B HR BB OUT	1B 2B 3B HR BB OUT	1B 2B 3B HR BB OUT	1B 2B 3B HR BB OUT	1B 2B 3B HR BB OUT	1B 2B 3B HR BB OUT	1B 2B 3B HR BB OUT			

SUMS	Inning	1	2	3	4	5	6	7	8	9	10	11
	Runs											
	Hits											
	Errors											
	Left on base											

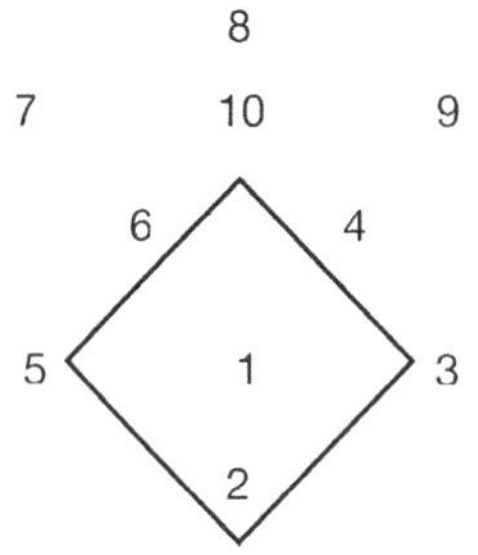

#	Pitchers	W/L/S	IP	H	R	ER	BB	SO	HB	BK	TBF

#	Catchers	PB

Pitching Nine Grid

Game Date ____/____/________		Final Score	Time	Referee		
Home Team			Start	HP	2B	RF
Visiting Team			End	1B	3B	LF

#	Players	POS	1	2	3	4	5	6	7	8	9	AB	R	RBI
			1B 2B 3B HR BB OUT	1B 2B 3B HR BB OUT	1B 2B 3B HR BB OUT	1B 2B 3B HR BB OUT	1B 2B 3B HR BB OUT	1B 2B 3B HR BB OUT	1B 2B 3B HR BB OUT	1B 2B 3B HR BB OUT	1B 2B 3B HR BB OUT			
			1B 2B 3B HR BB OUT	1B 2B 3B HR BB OUT	1B 2B 3B HR BB OUT	1B 2B 3B HR BB OUT	1B 2B 3B HR BB OUT	1B 2B 3B HR BB OUT	1B 2B 3B HR BB OUT	1B 2B 3B HR BB OUT	1B 2B 3B HR BB OUT			
			1B 2B 3B HR BB OUT	1B 2B 3B HR BB OUT	1B 2B 3B HR BB OUT	1B 2B 3B HR BB OUT	1B 2B 3B HR BB OUT	1B 2B 3B HR BB OUT	1B 2B 3B HR BB OUT	1B 2B 3B HR BB OUT	1B 2B 3B HR BB OUT			
			1B 2B 3B HR BB OUT	1B 2B 3B HR BB OUT	1B 2B 3B HR BB OUT	1B 2B 3B HR BB OUT	1B 2B 3B HR BB OUT	1B 2B 3B HR BB OUT	1B 2B 3B HR BB OUT	1B 2B 3B HR BB OUT	1B 2B 3B HR BB OUT			
			1B 2B 3B HR BB OUT	1B 2B 3B HR BB OUT	1B 2B 3B HR BB OUT	1B 2B 3B HR BB OUT	1B 2B 3B HR BB OUT	1B 2B 3B HR BB OUT	1B 2B 3B HR BB OUT	1B 2B 3B HR BB OUT	1B 2B 3B HR BB OUT			
			1B 2B 3B HR BB OUT	1B 2B 3B HR BB OUT	1B 2B 3B HR BB OUT	1B 2B 3B HR BB OUT	1B 2B 3B HR BB OUT	1B 2B 3B HR BB OUT	1B 2B 3B HR BB OUT	1B 2B 3B HR BB OUT	1B 2B 3B HR BB OUT			
			1B 2B 3B HR BB OUT	1B 2B 3B HR BB OUT	1B 2B 3B HR BB OUT	1B 2B 3B HR BB OUT	1B 2B 3B HR BB OUT	1B 2B 3B HR BB OUT	1B 2B 3B HR BB OUT	1B 2B 3B HR BB OUT	1B 2B 3B HR BB OUT			
			1B 2B 3B HR BB OUT	1B 2B 3B HR BB OUT	1B 2B 3B HR BB OUT	1B 2B 3B HR BB OUT	1B 2B 3B HR BB OUT	1B 2B 3B HR BB OUT	1B 2B 3B HR BB OUT	1B 2B 3B HR BB OUT	1B 2B 3B HR BB OUT			
			1B 2B 3B HR BB OUT	1B 2B 3B HR BB OUT	1B 2B 3B HR BB OUT	1B 2B 3B HR BB OUT	1B 2B 3B HR BB OUT	1B 2B 3B HR BB OUT	1B 2B 3B HR BB OUT	1B 2B 3B HR BB OUT	1B 2B 3B HR BB OUT			
			1B 2B 3B HR BB OUT	1B 2B 3B HR BB OUT	1B 2B 3B HR BB OUT	1B 2B 3B HR BB OUT	1B 2B 3B HR BB OUT	1B 2B 3B HR BB OUT	1B 2B 3B HR BB OUT	1B 2B 3B HR BB OUT	1B 2B 3B HR BB OUT			
			1B 2B 3B HR BB OUT	1B 2B 3B HR BB OUT	1B 2B 3B HR BB OUT	1B 2B 3B HR BB OUT	1B 2B 3B HR BB OUT	1B 2B 3B HR BB OUT	1B 2B 3B HR BB OUT	1B 2B 3B HR BB OUT	1B 2B 3B HR BB OUT			
			1B 2B 3B HR BB OUT	1B 2B 3B HR BB OUT	1B 2B 3B HR BB OUT	1B 2B 3B HR BB OUT	1B 2B 3B HR BB OUT	1B 2B 3B HR BB OUT	1B 2B 3B HR BB OUT	1B 2B 3B HR BB OUT	1B 2B 3B HR BB OUT			
			1B 2B 3B HR BB OUT	1B 2B 3B HR BB OUT	1B 2B 3B HR BB OUT	1B 2B 3B HR BB OUT	1B 2B 3B HR BB OUT	1B 2B 3B HR BB OUT	1B 2B 3B HR BB OUT	1B 2B 3B HR BB OUT	1B 2B 3B HR BB OUT			
			1B 2B 3B HR BB OUT	1B 2B 3B HR BB OUT	1B 2B 3B HR BB OUT	1B 2B 3B HR BB OUT	1B 2B 3B HR BB OUT	1B 2B 3B HR BB OUT	1B 2B 3B HR BB OUT	1B 2B 3B HR BB OUT	1B 2B 3B HR BB OUT			
			1B 2B 3B HR BB OUT	1B 2B 3B HR BB OUT	1B 2B 3B HR BB OUT	1B 2B 3B HR BB OUT	1B 2B 3B HR BB OUT	1B 2B 3B HR BB OUT	1B 2B 3B HR BB OUT	1B 2B 3B HR BB OUT	1B 2B 3B HR BB OUT			
			1B 2B 3B HR BB OUT	1B 2B 3B HR BB OUT	1B 2B 3B HR BB OUT	1B 2B 3B HR BB OUT	1B 2B 3B HR BB OUT	1B 2B 3B HR BB OUT	1B 2B 3B HR BB OUT	1B 2B 3B HR BB OUT	1B 2B 3B HR BB OUT			

SUMS	Inning	1	2	3	4	5	6	7	8	9	10	11
	Runs											
	Hits											
	Errors											
	Left on base											

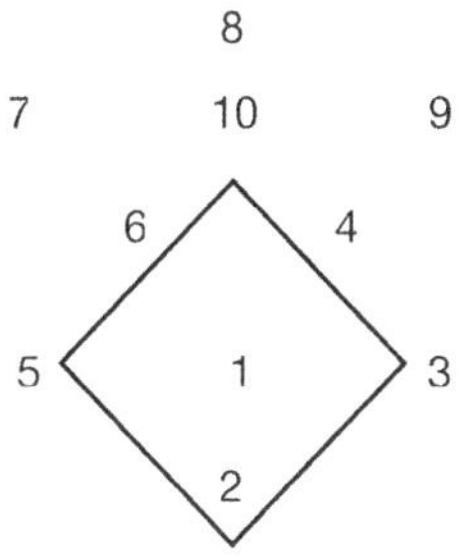

#	Pitchers	W/L/S	IP	H	R	ER	BB	SO	HB	BK	TBF

#	Catchers	PB

Pitching Nine Grid

Baseball Scorecard

Game Date ___/___/___		Final Score		Time		Referee		
Home Team				Start		HP	2B	RF
Visiting Team				End		1B	3B	LF

#	Players	POS	1	2	3	4	5	6	7	8	9	AB	R	RBI

Each inning cell shows: 1B 2B 3B HR BB with a baseball diamond and OUT marker.

	Inning	1	2	3	4	5	6	7	8	9	10	11
S U M S	Runs											
	Hits											
	Errors											
	Left on base											

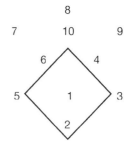

Position diagram: 1 (pitcher/center), 2 (catcher), 3 (1B), 4 (2B), 5 (3B), 6 (SS), 7 (LF), 8 (CF), 9 (RF), 10 (mound)

#	Pitchers	W/L/S	IP	H	R	ER	BB	SO	HB	BK	TBF

#	Catchers	PB

Pitching Nine Grid

Game Date ___/___/_____		Final Score		Time		Referee			
Home Team				Start		HP	2B		RF
Visiting Team				End		1B	3B		LF

#	Players	POS	1	2	3	4	5	6	7	8	9	AB	R	RBI

	Inning	1	2	3	4	5	6	7	8	9	10	11
S U M S	Runs											
	Hits											
	Errors											
	Left on base											

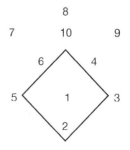

#	Pitchers	W/L/S	IP	H	R	ER	BB	SO	HB	BK	TBF

#	Catchers	PB

Pitching Nine Grid

Baseball Scorecard

Game Date ___/___/_____		Final Score	Time		Referee		
Home Team			Start	HP	2B		RF
Visiting Team			End	1B	3B		LF

#	Players	POS	1	2	3	4	5	6	7	8	9	AB	R	RBI

Each at-bat cell shows: 1B 2B 3B HR BB with a diamond and OUT marker.

		Inning	1	2	3	4	5	6	7	8	9	10	11
S U M S		Runs											
		Hits											
		Errors											
		Left on base											

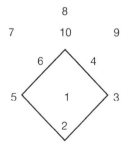

Position diagram: 8 (CF), 7 (LF), 9 (RF), 6 (SS), 4 (2B), 5 (3B), 1 (P), 3 (1B), 2 (C), 10

#	Pitchers	W/L/S	IP	H	R	ER	BB	SO	HB	BK	TBF

#	Catchers	PB

Pitching Nine Grid

Game Date ___/___/___		Final Score		Time		Referee		
Home Team				Start	HP		2B	RF
Visiting Team				End	1B		3B	LF

#	Players	POS	1	2	3	4	5	6	7	8	9	AB	R	RBI

		Inning	1	2	3	4	5	6	7	8	9	10	11
S U M S		Runs											
		Hits											
		Errors											
		Left on base											

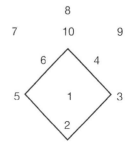

#	Pitchers	W/L/S	IP	H	R	ER	BB	SO	HB	BK	TBF		#	Catchers	PB

Pitching Nine Grid

Game Date ____/____/_____		Final Score		Time		Referee		
Home Team				Start	HP		2B	RF
Visiting Team				End	1B		3B	LF

#	Players	POS	1	2	3	4	5	6	7	8	9	AB	R	RBI

	Inning	1	2	3	4	5	6	7	8	9	10	11
S U M S	Runs											
	Hits											
	Errors											
	Left on base											

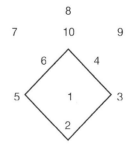

#	Pitchers	W/L/S	IP	H	R	ER	BB	SO	HB	BK	TBF

#	Catchers	PB

Pitching Nine Grid

Game Date ____/____/______		Final Score	Time	Referee		
Home Team			Start	HP	2B	RF
Visiting Team			End	1B	3B	LF

#	Players	POS	1	2	3	4	5	6	7	8	9	AB	R	RBI
			1B 2B 3B HR BB OUT	1B 2B 3B HR BB OUT	1B 2B 3B HR BB OUT	1B 2B 3B HR BB OUT	1B 2B 3B HR BB OUT	1B 2B 3B HR BB OUT	1B 2B 3B HR BB OUT	1B 2B 3B HR BB OUT	1B 2B 3B HR BB OUT			
			1B 2B 3B HR BB OUT	1B 2B 3B HR BB OUT	1B 2B 3B HR BB OUT	1B 2B 3B HR BB OUT	1B 2B 3B HR BB OUT	1B 2B 3B HR BB OUT	1B 2B 3B HR BB OUT	1B 2B 3B HR BB OUT	1B 2B 3B HR BB OUT			
			1B 2B 3B HR BB OUT	1B 2B 3B HR BB OUT	1B 2B 3B HR BB OUT	1B 2B 3B HR BB OUT	1B 2B 3B HR BB OUT	1B 2B 3B HR BB OUT	1B 2B 3B HR BB OUT	1B 2B 3B HR BB OUT	1B 2B 3B HR BB OUT			
			1B 2B 3B HR BB OUT	1B 2B 3B HR BB OUT	1B 2B 3B HR BB OUT	1B 2B 3B HR BB OUT	1B 2B 3B HR BB OUT	1B 2B 3B HR BB OUT	1B 2B 3B HR BB OUT	1B 2B 3B HR BB OUT	1B 2B 3B HR BB OUT			
			1B 2B 3B HR BB OUT	1B 2B 3B HR BB OUT	1B 2B 3B HR BB OUT	1B 2B 3B HR BB OUT	1B 2B 3B HR BB OUT	1B 2B 3B HR BB OUT	1B 2B 3B HR BB OUT	1B 2B 3B HR BB OUT	1B 2B 3B HR BB OUT			
			1B 2B 3B HR BB OUT	1B 2B 3B HR BB OUT	1B 2B 3B HR BB OUT	1B 2B 3B HR BB OUT	1B 2B 3B HR BB OUT	1B 2B 3B HR BB OUT	1B 2B 3B HR BB OUT	1B 2B 3B HR BB OUT	1B 2B 3B HR BB OUT			
			1B 2B 3B HR BB OUT	1B 2B 3B HR BB OUT	1B 2B 3B HR BB OUT	1B 2B 3B HR BB OUT	1B 2B 3B HR BB OUT	1B 2B 3B HR BB OUT	1B 2B 3B HR BB OUT	1B 2B 3B HR BB OUT	1B 2B 3B HR BB OUT			
			1B 2B 3B HR BB OUT	1B 2B 3B HR BB OUT	1B 2B 3B HR BB OUT	1B 2B 3B HR BB OUT	1B 2B 3B HR BB OUT	1B 2B 3B HR BB OUT	1B 2B 3B HR BB OUT	1B 2B 3B HR BB OUT	1B 2B 3B HR BB OUT			
			1B 2B 3B HR BB OUT	1B 2B 3B HR BB OUT	1B 2B 3B HR BB OUT	1B 2B 3B HR BB OUT	1B 2B 3B HR BB OUT	1B 2B 3B HR BB OUT	1B 2B 3B HR BB OUT	1B 2B 3B HR BB OUT	1B 2B 3B HR BB OUT			
			1B 2B 3B HR BB OUT	1B 2B 3B HR BB OUT	1B 2B 3B HR BB OUT	1B 2B 3B HR BB OUT	1B 2B 3B HR BB OUT	1B 2B 3B HR BB OUT	1B 2B 3B HR BB OUT	1B 2B 3B HR BB OUT	1B 2B 3B HR BB OUT			
			1B 2B 3B HR BB OUT	1B 2B 3B HR BB OUT	1B 2B 3B HR BB OUT	1B 2B 3B HR BB OUT	1B 2B 3B HR BB OUT	1B 2B 3B HR BB OUT	1B 2B 3B HR BB OUT	1B 2B 3B HR BB OUT	1B 2B 3B HR BB OUT			
			1B 2B 3B HR BB OUT	1B 2B 3B HR BB OUT	1B 2B 3B HR BB OUT	1B 2B 3B HR BB OUT	1B 2B 3B HR BB OUT	1B 2B 3B HR BB OUT	1B 2B 3B HR BB OUT	1B 2B 3B HR BB OUT	1B 2B 3B HR BB OUT			
			1B 2B 3B HR BB OUT	1B 2B 3B HR BB OUT	1B 2B 3B HR BB OUT	1B 2B 3B HR BB OUT	1B 2B 3B HR BB OUT	1B 2B 3B HR BB OUT	1B 2B 3B HR BB OUT	1B 2B 3B HR BB OUT	1B 2B 3B HR BB OUT			
			1B 2B 3B HR BB OUT	1B 2B 3B HR BB OUT	1B 2B 3B HR BB OUT	1B 2B 3B HR BB OUT	1B 2B 3B HR BB OUT	1B 2B 3B HR BB OUT	1B 2B 3B HR BB OUT	1B 2B 3B HR BB OUT	1B 2B 3B HR BB OUT			
			1B 2B 3B HR BB OUT	1B 2B 3B HR BB OUT	1B 2B 3B HR BB OUT	1B 2B 3B HR BB OUT	1B 2B 3B HR BB OUT	1B 2B 3B HR BB OUT	1B 2B 3B HR BB OUT	1B 2B 3B HR BB OUT	1B 2B 3B HR BB OUT			
			1B 2B 3B HR BB OUT	1B 2B 3B HR BB OUT	1B 2B 3B HR BB OUT	1B 2B 3B HR BB OUT	1B 2B 3B HR BB OUT	1B 2B 3B HR BB OUT	1B 2B 3B HR BB OUT	1B 2B 3B HR BB OUT	1B 2B 3B HR BB OUT			

SUMS	Inning	1	2	3	4	5	6	7	8	9	10	11
	Runs											
	Hits											
	Errors											
	Left on base											

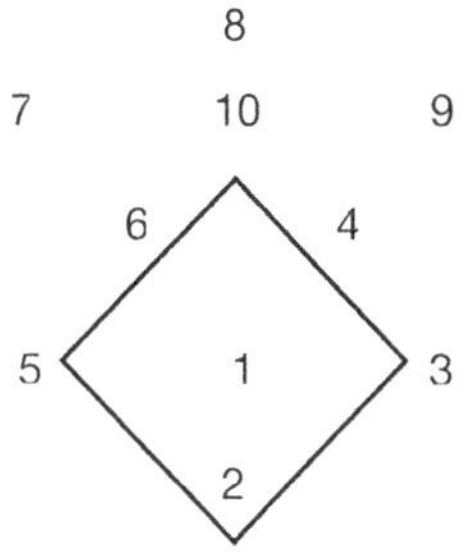

#	Pitchers	W/L/S	IP	H	R	ER	BB	SO	HB	BK	TBF

#	Catchers	PB

Pitching Nine Grid

Game Date ___/___/_____		Final Score		Time		Referee		
Home Team				Start	HP		2B	RF
Visiting Team				End	1B		3B	LF

#	Players	POS	1	2	3	4	5	6	7	8	9	AB	R	RBI

	Inning	1	2	3	4	5	6	7	8	9	10	11
S U M S	Runs											
	Hits											
	Errors											
	Left on base											

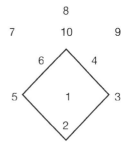

#	Pitchers	W/L/S	IP	H	R	ER	BB	SO	HB	BK	TBF

#	Catchers	PB

Pitching Nine Grid

Game Date ___/___/___		Final Score		Time		Referee		
Home Team				Start	HP		2B	RF
Visiting Team				End	1B		3B	LF

#	Players	POS	1	2	3	4	5	6	7	8	9	AB	R	RBI
			1B 2B 3B HR BB	1B 2B 3B HR BB	1B 2B 3B HR BB	1B 2B 3B HR BB	1B 2B 3B HR BB	1B 2B 3B HR BB	1B 2B 3B HR BB	1B 2B 3B HR BB	1B 2B 3B HR BB			
			1B 2B 3B HR BB	1B 2B 3B HR BB	1B 2B 3B HR BB	1B 2B 3B HR BB	1B 2B 3B HR BB	1B 2B 3B HR BB	1B 2B 3B HR BB	1B 2B 3B HR BB	1B 2B 3B HR BB			
			1B 2B 3B HR BB	1B 2B 3B HR BB	1B 2B 3B HR BB	1B 2B 3B HR BB	1B 2B 3B HR BB	1B 2B 3B HR BB	1B 2B 3B HR BB	1B 2B 3B HR BB	1B 2B 3B HR BB			
			1B 2B 3B HR BB	1B 2B 3B HR BB	1B 2B 3B HR BB	1B 2B 3B HR BB	1B 2B 3B HR BB	1B 2B 3B HR BB	1B 2B 3B HR BB	1B 2B 3B HR BB	1B 2B 3B HR BB			
			1B 2B 3B HR BB	1B 2B 3B HR BB	1B 2B 3B HR BB	1B 2B 3B HR BB	1B 2B 3B HR BB	1B 2B 3B HR BB	1B 2B 3B HR BB	1B 2B 3B HR BB	1B 2B 3B HR BB			
			1B 2B 3B HR BB	1B 2B 3B HR BB	1B 2B 3B HR BB	1B 2B 3B HR BB	1B 2B 3B HR BB	1B 2B 3B HR BB	1B 2B 3B HR BB	1B 2B 3B HR BB	1B 2B 3B HR BB			
			1B 2B 3B HR BB	1B 2B 3B HR BB	1B 2B 3B HR BB	1B 2B 3B HR BB	1B 2B 3B HR BB	1B 2B 3B HR BB	1B 2B 3B HR BB	1B 2B 3B HR BB	1B 2B 3B HR BB			
			1B 2B 3B HR BB	1B 2B 3B HR BB	1B 2B 3B HR BB	1B 2B 3B HR BB	1B 2B 3B HR BB	1B 2B 3B HR BB	1B 2B 3B HR BB	1B 2B 3B HR BB	1B 2B 3B HR BB			
			1B 2B 3B HR BB	1B 2B 3B HR BB	1B 2B 3B HR BB	1B 2B 3B HR BB	1B 2B 3B HR BB	1B 2B 3B HR BB	1B 2B 3B HR BB	1B 2B 3B HR BB	1B 2B 3B HR BB			
			1B 2B 3B HR BB	1B 2B 3B HR BB	1B 2B 3B HR BB	1B 2B 3B HR BB	1B 2B 3B HR BB	1B 2B 3B HR BB	1B 2B 3B HR BB	1B 2B 3B HR BB	1B 2B 3B HR BB			
			1B 2B 3B HR BB	1B 2B 3B HR BB	1B 2B 3B HR BB	1B 2B 3B HR BB	1B 2B 3B HR BB	1B 2B 3B HR BB	1B 2B 3B HR BB	1B 2B 3B HR BB	1B 2B 3B HR BB			
			1B 2B 3B HR BB	1B 2B 3B HR BB	1B 2B 3B HR BB	1B 2B 3B HR BB	1B 2B 3B HR BB	1B 2B 3B HR BB	1B 2B 3B HR BB	1B 2B 3B HR BB	1B 2B 3B HR BB			
			1B 2B 3B HR BB	1B 2B 3B HR BB	1B 2B 3B HR BB	1B 2B 3B HR BB	1B 2B 3B HR BB	1B 2B 3B HR BB	1B 2B 3B HR BB	1B 2B 3B HR BB	1B 2B 3B HR BB			
			1B 2B 3B HR BB	1B 2B 3B HR BB	1B 2B 3B HR BB	1B 2B 3B HR BB	1B 2B 3B HR BB	1B 2B 3B HR BB	1B 2B 3B HR BB	1B 2B 3B HR BB	1B 2B 3B HR BB			
			1B 2B 3B HR BB	1B 2B 3B HR BB	1B 2B 3B HR BB	1B 2B 3B HR BB	1B 2B 3B HR BB	1B 2B 3B HR BB	1B 2B 3B HR BB	1B 2B 3B HR BB	1B 2B 3B HR BB			

		Inning	1	2	3	4	5	6	7	8	9	10	11
S		Runs											
U		Hits											
M		Errors											
S		Left on base											

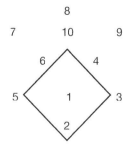

#	Pitchers	W/L/S	IP	H	R	ER	BB	SO	HB	BK	TBF

#	Catchers	PB

Pitching Nine Grid

Game Date ____/____/________	Final Score	Time	Referee		
Home Team		Start	HP	2B	RF
Visiting Team		End	1B	3B	LF

#	Players	POS	1	2	3	4	5	6	7	8	9	AB	R	RBI
			1B 2B 3B HR BB OUT	1B 2B 3B HR BB OUT	1B 2B 3B HR BB OUT	1B 2B 3B HR BB OUT	1B 2B 3B HR BB OUT	1B 2B 3B HR BB OUT	1B 2B 3B HR BB OUT	1B 2B 3B HR BB OUT	1B 2B 3B HR BB OUT			
			1B 2B 3B HR BB OUT	1B 2B 3B HR BB OUT	1B 2B 3B HR BB OUT	1B 2B 3B HR BB OUT	1B 2B 3B HR BB OUT	1B 2B 3B HR BB OUT	1B 2B 3B HR BB OUT	1B 2B 3B HR BB OUT	1B 2B 3B HR BB OUT			
			1B 2B 3B HR BB OUT	1B 2B 3B HR BB OUT	1B 2B 3B HR BB OUT	1B 2B 3B HR BB OUT	1B 2B 3B HR BB OUT	1B 2B 3B HR BB OUT	1B 2B 3B HR BB OUT	1B 2B 3B HR BB OUT	1B 2B 3B HR BB OUT			
			1B 2B 3B HR BB OUT	1B 2B 3B HR BB OUT	1B 2B 3B HR BB OUT	1B 2B 3B HR BB OUT	1B 2B 3B HR BB OUT	1B 2B 3B HR BB OUT	1B 2B 3B HR BB OUT	1B 2B 3B HR BB OUT	1B 2B 3B HR BB OUT			
			1B 2B 3B HR BB OUT	1B 2B 3B HR BB OUT	1B 2B 3B HR BB OUT	1B 2B 3B HR BB OUT	1B 2B 3B HR BB OUT	1B 2B 3B HR BB OUT	1B 2B 3B HR BB OUT	1B 2B 3B HR BB OUT	1B 2B 3B HR BB OUT			
			1B 2B 3B HR BB OUT	1B 2B 3B HR BB OUT	1B 2B 3B HR BB OUT	1B 2B 3B HR BB OUT	1B 2B 3B HR BB OUT	1B 2B 3B HR BB OUT	1B 2B 3B HR BB OUT	1B 2B 3B HR BB OUT	1B 2B 3B HR BB OUT			
			1B 2B 3B HR BB OUT	1B 2B 3B HR BB OUT	1B 2B 3B HR BB OUT	1B 2B 3B HR BB OUT	1B 2B 3B HR BB OUT	1B 2B 3B HR BB OUT	1B 2B 3B HR BB OUT	1B 2B 3B HR BB OUT	1B 2B 3B HR BB OUT			
			1B 2B 3B HR BB OUT	1B 2B 3B HR BB OUT	1B 2B 3B HR BB OUT	1B 2B 3B HR BB OUT	1B 2B 3B HR BB OUT	1B 2B 3B HR BB OUT	1B 2B 3B HR BB OUT	1B 2B 3B HR BB OUT	1B 2B 3B HR BB OUT			
			1B 2B 3B HR BB OUT	1B 2B 3B HR BB OUT	1B 2B 3B HR BB OUT	1B 2B 3B HR BB OUT	1B 2B 3B HR BB OUT	1B 2B 3B HR BB OUT	1B 2B 3B HR BB OUT	1B 2B 3B HR BB OUT	1B 2B 3B HR BB OUT			
			1B 2B 3B HR BB OUT	1B 2B 3B HR BB OUT	1B 2B 3B HR BB OUT	1B 2B 3B HR BB OUT	1B 2B 3B HR BB OUT	1B 2B 3B HR BB OUT	1B 2B 3B HR BB OUT	1B 2B 3B HR BB OUT	1B 2B 3B HR BB OUT			
			1B 2B 3B HR BB OUT	1B 2B 3B HR BB OUT	1B 2B 3B HR BB OUT	1B 2B 3B HR BB OUT	1B 2B 3B HR BB OUT	1B 2B 3B HR BB OUT	1B 2B 3B HR BB OUT	1B 2B 3B HR BB OUT	1B 2B 3B HR BB OUT			
			1B 2B 3B HR BB OUT	1B 2B 3B HR BB OUT	1B 2B 3B HR BB OUT	1B 2B 3B HR BB OUT	1B 2B 3B HR BB OUT	1B 2B 3B HR BB OUT	1B 2B 3B HR BB OUT	1B 2B 3B HR BB OUT	1B 2B 3B HR BB OUT			
			1B 2B 3B HR BB OUT	1B 2B 3B HR BB OUT	1B 2B 3B HR BB OUT	1B 2B 3B HR BB OUT	1B 2B 3B HR BB OUT	1B 2B 3B HR BB OUT	1B 2B 3B HR BB OUT	1B 2B 3B HR BB OUT	1B 2B 3B HR BB OUT			
			1B 2B 3B HR BB OUT	1B 2B 3B HR BB OUT	1B 2B 3B HR BB OUT	1B 2B 3B HR BB OUT	1B 2B 3B HR BB OUT	1B 2B 3B HR BB OUT	1B 2B 3B HR BB OUT	1B 2B 3B HR BB OUT	1B 2B 3B HR BB OUT			
			1B 2B 3B HR BB OUT	1B 2B 3B HR BB OUT	1B 2B 3B HR BB OUT	1B 2B 3B HR BB OUT	1B 2B 3B HR BB OUT	1B 2B 3B HR BB OUT	1B 2B 3B HR BB OUT	1B 2B 3B HR BB OUT	1B 2B 3B HR BB OUT			
			1B 2B 3B HR BB OUT	1B 2B 3B HR BB OUT	1B 2B 3B HR BB OUT	1B 2B 3B HR BB OUT	1B 2B 3B HR BB OUT	1B 2B 3B HR BB OUT	1B 2B 3B HR BB OUT	1B 2B 3B HR BB OUT	1B 2B 3B HR BB OUT			

SUMS	Inning	1	2	3	4	5	6	7	8	9	10	11
	Runs											
	Hits											
	Errors											
	Left on base											

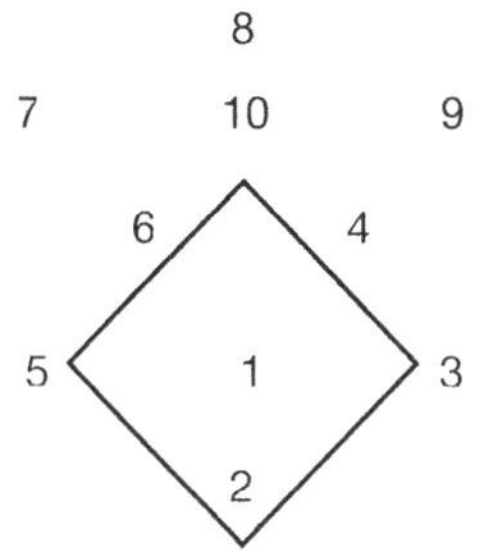

#	Pitchers	W/L/S	IP	H	R	ER	BB	SO	HB	BK	TBF

#	Catchers	PB

Pitching Nine Grid

Game Date ___/___/_____		Final Score		Time		Referee		
Home Team				Start		HP	2B	RF
Visiting Team				End		1B	3B	LF

#	Players	POS	1	2	3	4	5	6	7	8	9	AB	R	RBI

	Inning	1	2	3	4	5	6	7	8	9	10	11
S U M S	Runs											
	Hits											
	Errors											
	Left on base											

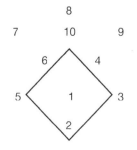

#	Pitchers	W/L/S	IP	H	R	ER	BB	SO	HB	BK	TBF		#	Catchers	PB

Pitching Nine Grid

Game Date ___/___/_____		Final Score	Time		Referee		
Home Team			Start	HP	2B		RF
Visiting Team			End	1B	3B		LF

#	Players	POS	1	2	3	4	5	6	7	8	9	AB	R	RBI

	Inning	1	2	3	4	5	6	7	8	9	10	11
S U M S	Runs											
	Hits											
	Errors											
	Left on base											

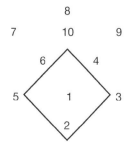

#	Pitchers	W/L/S	IP	H	R	ER	BB	SO	HB	BK	TBF

#	Catchers	PB

Pitching Nine Grid

Game Date ___/___/_____		Final Score		Time		Referee		
Home Team				Start	HP		2B	RF
Visiting Team				End	1B		3B	LF

#	Players	POS	1	2	3	4	5	6	7	8	9	AB	R	RBI

		Inning	1	2	3	4	5	6	7	8	9	10	11
S		Runs											
U		Hits											
M		Errors											
S		Left on base											

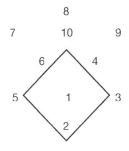

#	Pitchers	W/L/S	IP	H	R	ER	BB	SO	HB	BK	TBF		#	Catchers	PB

Pitching Nine Grid

Game Date ___/___/_____		Final Score		Time		Referee		
Home Team				Start	HP		2B	RF
Visiting Team				End	1B		3B	LF

#	Players	POS	1	2	3	4	5	6	7	8	9	AB	R	RBI

		Inning	1	2	3	4	5	6	7	8	9	10	11
S U M S		Runs											
		Hits											
		Errors											
		Left on base											

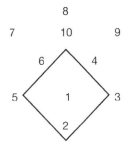

#	Pitchers	W/L/S	IP	H	R	ER	BB	SO	HB	BK	TBF

#	Catchers	PB

Pitching Nine Grid

Baseball Scorecard

Game Date ___/___/_____		Final Score		Time		Referee		
Home Team				Start		HP	2B	RF
Visiting Team				End		1B	3B	LF

#	Players	POS	1	2	3	4	5	6	7	8	9	AB	R	RBI

Each inning cell contains: 1B 2B 3B HR BB with a diamond and OUT marker.

SUMS	Inning	1	2	3	4	5	6	7	8	9	10	11
	Runs											
	Hits											
	Errors											
	Left on base											

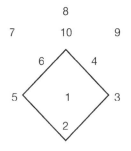

#	Pitchers	W/L/S	IP	H	R	ER	BB	SO	HB	BK	TBF

#	Catchers	PB

Pitching Nine Grid

Game Date ___/___/___		Final Score		Time		Referee		
Home Team				Start	HP	2B	RF	
Visiting Team				End	1B	3B	LF	

#	Players	POS	1	2	3	4	5	6	7	8	9	AB	R	RBI

	Inning	1	2	3	4	5	6	7	8	9	10	11
S U M S	Runs											
	Hits											
	Errors											
	Left on base											

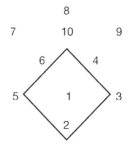

#	Pitchers	W/L/S	IP	H	R	ER	BB	SO	HB	BK	TBF

#	Catchers	PB

Pitching Nine Grid

Game Date ____/____/________		Final Score	Time	Referee		
Home Team			Start	HP	2B	RF
Visiting Team			End	1B	3B	LF

#	Players	POS	1	2	3	4	5	6	7	8	9	AB	R	RBI
			1B 2B 3B HR BB OUT	1B 2B 3B HR BB OUT	1B 2B 3B HR BB OUT	1B 2B 3B HR BB OUT	1B 2B 3B HR BB OUT	1B 2B 3B HR BB OUT	1B 2B 3B HR BB OUT	1B 2B 3B HR BB OUT	1B 2B 3B HR BB OUT			
			1B 2B 3B HR BB OUT	1B 2B 3B HR BB OUT	1B 2B 3B HR BB OUT	1B 2B 3B HR BB OUT	1B 2B 3B HR BB OUT	1B 2B 3B HR BB OUT	1B 2B 3B HR BB OUT	1B 2B 3B HR BB OUT	1B 2B 3B HR BB OUT			
			1B 2B 3B HR BB OUT	1B 2B 3B HR BB OUT	1B 2B 3B HR BB OUT	1B 2B 3B HR BB OUT	1B 2B 3B HR BB OUT	1B 2B 3B HR BB OUT	1B 2B 3B HR BB OUT	1B 2B 3B HR BB OUT	1B 2B 3B HR BB OUT			
			1B 2B 3B HR BB OUT	1B 2B 3B HR BB OUT	1B 2B 3B HR BB OUT	1B 2B 3B HR BB OUT	1B 2B 3B HR BB OUT	1B 2B 3B HR BB OUT	1B 2B 3B HR BB OUT	1B 2B 3B HR BB OUT	1B 2B 3B HR BB OUT			
			1B 2B 3B HR BB OUT	1B 2B 3B HR BB OUT	1B 2B 3B HR BB OUT	1B 2B 3B HR BB OUT	1B 2B 3B HR BB OUT	1B 2B 3B HR BB OUT	1B 2B 3B HR BB OUT	1B 2B 3B HR BB OUT	1B 2B 3B HR BB OUT			
			1B 2B 3B HR BB OUT	1B 2B 3B HR BB OUT	1B 2B 3B HR BB OUT	1B 2B 3B HR BB OUT	1B 2B 3B HR BB OUT	1B 2B 3B HR BB OUT	1B 2B 3B HR BB OUT	1B 2B 3B HR BB OUT	1B 2B 3B HR BB OUT			
			1B 2B 3B HR BB OUT	1B 2B 3B HR BB OUT	1B 2B 3B HR BB OUT	1B 2B 3B HR BB OUT	1B 2B 3B HR BB OUT	1B 2B 3B HR BB OUT	1B 2B 3B HR BB OUT	1B 2B 3B HR BB OUT	1B 2B 3B HR BB OUT			
			1B 2B 3B HR BB OUT	1B 2B 3B HR BB OUT	1B 2B 3B HR BB OUT	1B 2B 3B HR BB OUT	1B 2B 3B HR BB OUT	1B 2B 3B HR BB OUT	1B 2B 3B HR BB OUT	1B 2B 3B HR BB OUT	1B 2B 3B HR BB OUT			
			1B 2B 3B HR BB OUT	1B 2B 3B HR BB OUT	1B 2B 3B HR BB OUT	1B 2B 3B HR BB OUT	1B 2B 3B HR BB OUT	1B 2B 3B HR BB OUT	1B 2B 3B HR BB OUT	1B 2B 3B HR BB OUT	1B 2B 3B HR BB OUT			
			1B 2B 3B HR BB OUT	1B 2B 3B HR BB OUT	1B 2B 3B HR BB OUT	1B 2B 3B HR BB OUT	1B 2B 3B HR BB OUT	1B 2B 3B HR BB OUT	1B 2B 3B HR BB OUT	1B 2B 3B HR BB OUT	1B 2B 3B HR BB OUT			
			1B 2B 3B HR BB OUT	1B 2B 3B HR BB OUT	1B 2B 3B HR BB OUT	1B 2B 3B HR BB OUT	1B 2B 3B HR BB OUT	1B 2B 3B HR BB OUT	1B 2B 3B HR BB OUT	1B 2B 3B HR BB OUT	1B 2B 3B HR BB OUT			
			1B 2B 3B HR BB OUT	1B 2B 3B HR BB OUT	1B 2B 3B HR BB OUT	1B 2B 3B HR BB OUT	1B 2B 3B HR BB OUT	1B 2B 3B HR BB OUT	1B 2B 3B HR BB OUT	1B 2B 3B HR BB OUT	1B 2B 3B HR BB OUT			
			1B 2B 3B HR BB OUT	1B 2B 3B HR BB OUT	1B 2B 3B HR BB OUT	1B 2B 3B HR BB OUT	1B 2B 3B HR BB OUT	1B 2B 3B HR BB OUT	1B 2B 3B HR BB OUT	1B 2B 3B HR BB OUT	1B 2B 3B HR BB OUT			
			1B 2B 3B HR BB OUT	1B 2B 3B HR BB OUT	1B 2B 3B HR BB OUT	1B 2B 3B HR BB OUT	1B 2B 3B HR BB OUT	1B 2B 3B HR BB OUT	1B 2B 3B HR BB OUT	1B 2B 3B HR BB OUT	1B 2B 3B HR BB OUT			
			1B 2B 3B HR BB OUT	1B 2B 3B HR BB OUT	1B 2B 3B HR BB OUT	1B 2B 3B HR BB OUT	1B 2B 3B HR BB OUT	1B 2B 3B HR BB OUT	1B 2B 3B HR BB OUT	1B 2B 3B HR BB OUT	1B 2B 3B HR BB OUT			
			1B 2B 3B HR BB OUT	1B 2B 3B HR BB OUT	1B 2B 3B HR BB OUT	1B 2B 3B HR BB OUT	1B 2B 3B HR BB OUT	1B 2B 3B HR BB OUT	1B 2B 3B HR BB OUT	1B 2B 3B HR BB OUT	1B 2B 3B HR BB OUT			

SUMS	Inning	1	2	3	4	5	6	7	8	9	10	11
	Runs											
	Hits											
	Errors											
	Left on base											

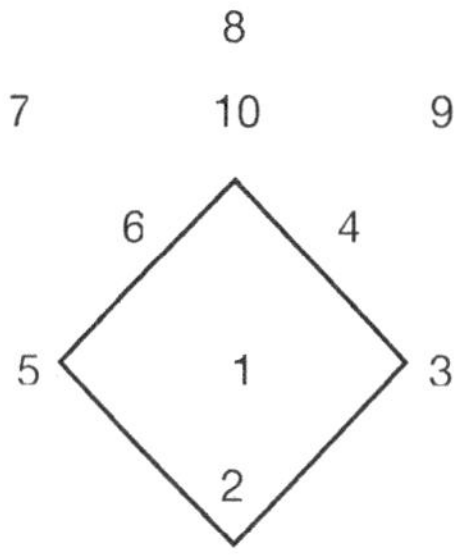

#	Pitchers	W/L/S	IP	H	R	ER	BB	SO	HB	BK	TBF

#	Catchers	PB

Pitching Nine Grid

Game Date ___/___/___		Final Score		Time		Referee			
Home Team				Start		HP	2B		RF
Visiting Team				End		1B	3B		LF

#	Players	POS	1	2	3	4	5	6	7	8	9	AB	R	RBI

	Inning	1	2	3	4	5	6	7	8	9	10	11
S U M S	Runs											
	Hits											
	Errors											
	Left on base											

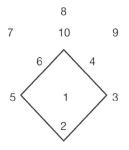

#	Pitchers	W/L/S	IP	H	R	ER	BB	SO	HB	BK	TBF

#	Catchers	PB

Pitching Nine Grid

Game Date ___/___/_____		Final Score		Time		Referee		
Home Team				Start	HP		2B	RF
Visiting Team				End	1B		3B	LF

#	Players	POS	1	2	3	4	5	6	7	8	9	AB	R	RBI
			1B 2B 3B HR BB	1B 2B 3B HR BB	1B 2B 3B HR BB	1B 2B 3B HR BB	1B 2B 3B HR BB	1B 2B 3B HR BB	1B 2B 3B HR BB	1B 2B 3B HR BB	1B 2B 3B HR BB			
			1B 2B 3B HR BB	1B 2B 3B HR BB	1B 2B 3B HR BB	1B 2B 3B HR BB	1B 2B 3B HR BB	1B 2B 3B HR BB	1B 2B 3B HR BB	1B 2B 3B HR BB	1B 2B 3B HR BB			
			1B 2B 3B HR BB	1B 2B 3B HR BB	1B 2B 3B HR BB	1B 2B 3B HR BB	1B 2B 3B HR BB	1B 2B 3B HR BB	1B 2B 3B HR BB	1B 2B 3B HR BB	1B 2B 3B HR BB			
			1B 2B 3B HR BB	1B 2B 3B HR BB	1B 2B 3B HR BB	1B 2B 3B HR BB	1B 2B 3B HR BB	1B 2B 3B HR BB	1B 2B 3B HR BB	1B 2B 3B HR BB	1B 2B 3B HR BB			
			1B 2B 3B HR BB	1B 2B 3B HR BB	1B 2B 3B HR BB	1B 2B 3B HR BB	1B 2B 3B HR BB	1B 2B 3B HR BB	1B 2B 3B HR BB	1B 2B 3B HR BB	1B 2B 3B HR BB			
			1B 2B 3B HR BB	1B 2B 3B HR BB	1B 2B 3B HR BB	1B 2B 3B HR BB	1B 2B 3B HR BB	1B 2B 3B HR BB	1B 2B 3B HR BB	1B 2B 3B HR BB	1B 2B 3B HR BB			
			1B 2B 3B HR BB	1B 2B 3B HR BB	1B 2B 3B HR BB	1B 2B 3B HR BB	1B 2B 3B HR BB	1B 2B 3B HR BB	1B 2B 3B HR BB	1B 2B 3B HR BB	1B 2B 3B HR BB			
			1B 2B 3B HR BB	1B 2B 3B HR BB	1B 2B 3B HR BB	1B 2B 3B HR BB	1B 2B 3B HR BB	1B 2B 3B HR BB	1B 2B 3B HR BB	1B 2B 3B HR BB	1B 2B 3B HR BB			
			1B 2B 3B HR BB	1B 2B 3B HR BB	1B 2B 3B HR BB	1B 2B 3B HR BB	1B 2B 3B HR BB	1B 2B 3B HR BB	1B 2B 3B HR BB	1B 2B 3B HR BB	1B 2B 3B HR BB			
			1B 2B 3B HR BB	1B 2B 3B HR BB	1B 2B 3B HR BB	1B 2B 3B HR BB	1B 2B 3B HR BB	1B 2B 3B HR BB	1B 2B 3B HR BB	1B 2B 3B HR BB	1B 2B 3B HR BB			
			1B 2B 3B HR BB	1B 2B 3B HR BB	1B 2B 3B HR BB	1B 2B 3B HR BB	1B 2B 3B HR BB	1B 2B 3B HR BB	1B 2B 3B HR BB	1B 2B 3B HR BB	1B 2B 3B HR BB			
			1B 2B 3B HR BB	1B 2B 3B HR BB	1B 2B 3B HR BB	1B 2B 3B HR BB	1B 2B 3B HR BB	1B 2B 3B HR BB	1B 2B 3B HR BB	1B 2B 3B HR BB	1B 2B 3B HR BB			
			1B 2B 3B HR BB	1B 2B 3B HR BB	1B 2B 3B HR BB	1B 2B 3B HR BB	1B 2B 3B HR BB	1B 2B 3B HR BB	1B 2B 3B HR BB	1B 2B 3B HR BB	1B 2B 3B HR BB			
			1B 2B 3B HR BB	1B 2B 3B HR BB	1B 2B 3B HR BB	1B 2B 3B HR BB	1B 2B 3B HR BB	1B 2B 3B HR BB	1B 2B 3B HR BB	1B 2B 3B HR BB	1B 2B 3B HR BB			
			1B 2B 3B HR BB	1B 2B 3B HR BB	1B 2B 3B HR BB	1B 2B 3B HR BB	1B 2B 3B HR BB	1B 2B 3B HR BB	1B 2B 3B HR BB	1B 2B 3B HR BB	1B 2B 3B HR BB			
			1B 2B 3B HR BB	1B 2B 3B HR BB	1B 2B 3B HR BB	1B 2B 3B HR BB	1B 2B 3B HR BB	1B 2B 3B HR BB	1B 2B 3B HR BB	1B 2B 3B HR BB	1B 2B 3B HR BB			

	Inning	1	2	3	4	5	6	7	8	9	10	11
S U M S	Runs											
	Hits											
	Errors											
	Left on base											

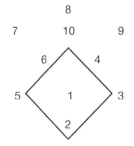

#	Pitchers	W/L/S	IP	H	R	ER	BB	SO	HB	BK	TBF

#	Catchers	PB

Pitching Nine Grid

Game Date ___/___/_____		Final Score		Time		Referee		
Home Team				Start		HP	2B	RF
Visiting Team				End		1B	3B	LF

#	Players	POS	1	2	3	4	5	6	7	8	9	AB	R	RBI

	Inning	1	2	3	4	5	6	7	8	9	10	11
S U M S	Runs											
	Hits											
	Errors											
	Left on base											

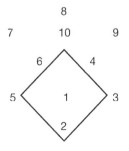

#	Pitchers	W/L/S	IP	H	R	ER	BB	SO	HB	BK	TBF

#	Catchers	PB

Pitching Nine Grid

Game Date ___/___/_____		Final Score		Time		Referee		
Home Team				Start	HP		2B	RF
Visiting Team				End	1B		3B	LF

#	Players	POS	1	2	3	4	5	6	7	8	9	AB	R	RBI

	Inning	1	2	3	4	5	6	7	8	9	10	11
S U M S	Runs											
	Hits											
	Errors											
	Left on base											

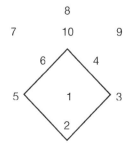

#	Pitchers	W/L/S	IP	H	R	ER	BB	SO	HB	BK	TBF

#	Catchers	PB

Pitching Nine Grid

Game Date ___/___/_____		Final Score		Time		Referee		
Home Team				Start	HP	2B		RF
Visiting Team				End	1B	3B		LF

#	Players	POS	1	2	3	4	5	6	7	8	9	AB	R	RBI

	Inning	1	2	3	4	5	6	7	8	9	10	11
S U M S	Runs											
	Hits											
	Errors											
	Left on base											

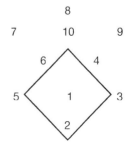

#	Pitchers	W/L/S	IP	H	R	ER	BB	SO	HB	BK	TBF		#	Catchers	PB

Pitching Nine Grid

Game Date ___/___/_____		Final Score		Time		Referee			
Home Team				Start		HP	2B		RF
Visiting Team				End		1B	3B		LF

#	Players	POS	1	2	3	4	5	6	7	8	9	AB	R	RBI

	Inning	1	2	3	4	5	6	7	8	9	10	11
S U M S	Runs											
	Hits											
	Errors											
	Left on base											

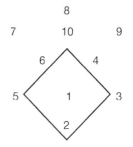

#	Pitchers	W/L/S	IP	H	R	ER	BB	SO	HB	BK	TBF

#	Catchers	PB

Pitching Nine Grid

Game Date ___/___/_____		Final Score		Time		Referee		
Home Team				Start		HP	2B	RF
Visiting Team				End		1B	3B	LF

#	Players	POS	1	2	3	4	5	6	7	8	9	AB	R	RBI

	Inning	1	2	3	4	5	6	7	8	9	10	11
S U M S	Runs											
	Hits											
	Errors											
	Left on base											

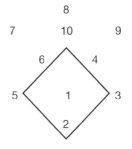

#	Pitchers	W/L/S	IP	H	R	ER	BB	SO	HB	BK	TBF

#	Catchers	PB

Pitching Nine Grid

Game Date ___/___/___		Final Score		Time		Referee		
Home Team				Start	HP		2B	RF
Visiting Team				End	1B		3B	LF

#	Players	POS	1	2	3	4	5	6	7	8	9	AB	R	RBI

	Inning	1	2	3	4	5	6	7	8	9	10	11
S U M S	Runs											
	Hits											
	Errors											
	Left on base											

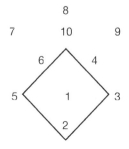

#	Pitchers	W/L/S	IP	H	R	ER	BB	SO	HB	BK	TBF		#	Catchers	PB

Pitching Nine Grid

Game Date ___/___/_____		Final Score		Time		Referee		
Home Team				Start		HP	2B	RF
Visiting Team				End		1B	3B	LF

#	Players	POS	1	2	3	4	5	6	7	8	9	AB	R	RBI

	Inning	1	2	3	4	5	6	7	8	9	10	11
S U M S	Runs											
	Hits											
	Errors											
	Left on base											

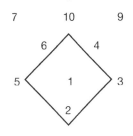

#	Pitchers	W/L/S	IP	H	R	ER	BB	SO	HB	BK	TBF

#	Catchers	PB

Pitching Nine Grid

Baseball Scorecard

Game Date ___/___/_____	Final Score	Time		Referee		
Home Team		Start	HP	2B	RF	
Visiting Team		End	1B	3B	LF	

#	Players	POS	1	2	3	4	5	6	7	8	9	AB	R	RBI
			1B 2B 3B HR BB	1B 2B 3B HR BB	1B 2B 3B HR BB	1B 2B 3B HR BB	1B 2B 3B HR BB	1B 2B 3B HR BB	1B 2B 3B HR BB	1B 2B 3B HR BB	1B 2B 3B HR BB			

	Inning	1	2	3	4	5	6	7	8	9	10	11
S U M S	Runs											
	Hits											
	Errors											
	Left on base											

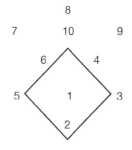

#	Pitchers	W/L/S	IP	H	R	ER	BB	SO	HB	BK	TBF

#	Catchers	PB

Pitching Nine Grid

Game Date ___/___/___		Final Score		Time		Referee			
Home Team				Start		HP	2B		RF
Visiting Team				End		1B	3B		LF

#	Players	POS	1	2	3	4	5	6	7	8	9	AB	R	RBI

	Inning	1	2	3	4	5	6	7	8	9	10	11
S U M S	Runs											
	Hits											
	Errors											
	Left on base											

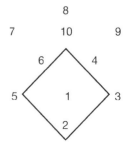

#	Pitchers	W/L/S	IP	H	R	ER	BB	SO	HB	BK	TBF

#	Catchers	PB

Pitching Nine Grid

Game Date ___/___/_____		Final Score		Time		Referee		
Home Team				Start	HP	2B		RF
Visiting Team				End	1B	3B		LF

#	Players	POS	1	2	3	4	5	6	7	8	9	AB	R	RBI

	Inning	1	2	3	4	5	6	7	8	9	10	11
S U M S	Runs											
	Hits											
	Errors											
	Left on base											

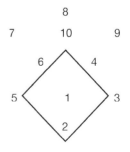

#	Pitchers	W/L/S	IP	H	R	ER	BB	SO	HB	BK	TBF

#	Catchers	PB

Pitching Nine Grid

Game Date ___/___/_____		Final Score		Time		Referee			
Home Team				Start		HP	2B		RF
Visiting Team				End		1B	3B		LF

#	Players	POS	1	2	3	4	5	6	7	8	9	AB	R	RBI

	Inning	1	2	3	4	5	6	7	8	9	10	11
S U M S	Runs											
	Hits											
	Errors											
	Left on base											

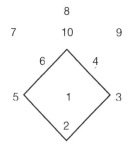

#	Pitchers	W/L/S	IP	H	R	ER	BB	SO	HB	BK	TBF

#	Catchers	PB

Pitching Nine Grid

Game Date ___/___/_____		Final Score		Time		Referee		
Home Team				Start	HP		2B	RF
Visiting Team				End	1B		3B	LF

#	Players	POS	1	2	3	4	5	6	7	8	9	AB	R	RBI
			1B 2B 3B HR BB	1B 2B 3B HR BB	1B 2B 3B HR BB	1B 2B 3B HR BB	1B 2B 3B HR BB	1B 2B 3B HR BB	1B 2B 3B HR BB	1B 2B 3B HR BB	1B 2B 3B HR BB			
			1B 2B 3B HR BB	1B 2B 3B HR BB	1B 2B 3B HR BB	1B 2B 3B HR BB	1B 2B 3B HR BB	1B 2B 3B HR BB	1B 2B 3B HR BB	1B 2B 3B HR BB	1B 2B 3B HR BB			
			1B 2B 3B HR BB	1B 2B 3B HR BB	1B 2B 3B HR BB	1B 2B 3B HR BB	1B 2B 3B HR BB	1B 2B 3B HR BB	1B 2B 3B HR BB	1B 2B 3B HR BB	1B 2B 3B HR BB			
			1B 2B 3B HR BB	1B 2B 3B HR BB	1B 2B 3B HR BB	1B 2B 3B HR BB	1B 2B 3B HR BB	1B 2B 3B HR BB	1B 2B 3B HR BB	1B 2B 3B HR BB	1B 2B 3B HR BB			
			1B 2B 3B HR BB	1B 2B 3B HR BB	1B 2B 3B HR BB	1B 2B 3B HR BB	1B 2B 3B HR BB	1B 2B 3B HR BB	1B 2B 3B HR BB	1B 2B 3B HR BB	1B 2B 3B HR BB			
			1B 2B 3B HR BB	1B 2B 3B HR BB	1B 2B 3B HR BB	1B 2B 3B HR BB	1B 2B 3B HR BB	1B 2B 3B HR BB	1B 2B 3B HR BB	1B 2B 3B HR BB	1B 2B 3B HR BB			
			1B 2B 3B HR BB	1B 2B 3B HR BB	1B 2B 3B HR BB	1B 2B 3B HR BB	1B 2B 3B HR BB	1B 2B 3B HR BB	1B 2B 3B HR BB	1B 2B 3B HR BB	1B 2B 3B HR BB			
			1B 2B 3B HR BB	1B 2B 3B HR BB	1B 2B 3B HR BB	1B 2B 3B HR BB	1B 2B 3B HR BB	1B 2B 3B HR BB	1B 2B 3B HR BB	1B 2B 3B HR BB	1B 2B 3B HR BB			
			1B 2B 3B HR BB	1B 2B 3B HR BB	1B 2B 3B HR BB	1B 2B 3B HR BB	1B 2B 3B HR BB	1B 2B 3B HR BB	1B 2B 3B HR BB	1B 2B 3B HR BB	1B 2B 3B HR BB			
			1B 2B 3B HR BB	1B 2B 3B HR BB	1B 2B 3B HR BB	1B 2B 3B HR BB	1B 2B 3B HR BB	1B 2B 3B HR BB	1B 2B 3B HR BB	1B 2B 3B HR BB	1B 2B 3B HR BB			
			1B 2B 3B HR BB	1B 2B 3B HR BB	1B 2B 3B HR BB	1B 2B 3B HR BB	1B 2B 3B HR BB	1B 2B 3B HR BB	1B 2B 3B HR BB	1B 2B 3B HR BB	1B 2B 3B HR BB			
			1B 2B 3B HR BB	1B 2B 3B HR BB	1B 2B 3B HR BB	1B 2B 3B HR BB	1B 2B 3B HR BB	1B 2B 3B HR BB	1B 2B 3B HR BB	1B 2B 3B HR BB	1B 2B 3B HR BB			
			1B 2B 3B HR BB	1B 2B 3B HR BB	1B 2B 3B HR BB	1B 2B 3B HR BB	1B 2B 3B HR BB	1B 2B 3B HR BB	1B 2B 3B HR BB	1B 2B 3B HR BB	1B 2B 3B HR BB			
			1B 2B 3B HR BB	1B 2B 3B HR BB	1B 2B 3B HR BB	1B 2B 3B HR BB	1B 2B 3B HR BB	1B 2B 3B HR BB	1B 2B 3B HR BB	1B 2B 3B HR BB	1B 2B 3B HR BB			
			1B 2B 3B HR BB	1B 2B 3B HR BB	1B 2B 3B HR BB	1B 2B 3B HR BB	1B 2B 3B HR BB	1B 2B 3B HR BB	1B 2B 3B HR BB	1B 2B 3B HR BB	1B 2B 3B HR BB			

		Inning	1	2	3	4	5	6	7	8	9	10	11
S U M S		Runs											
		Hits											
		Errors											
		Left on base											

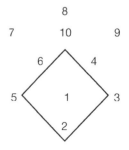

#	Pitchers	W/L/S	IP	H	R	ER	BB	SO	HB	BK	TBF

#	Catchers	PB

Pitching Nine Grid

Game Date ___/___/_____		Final Score		Time		Referee		
Home Team				Start	HP		2B	RF
Visiting Team				End	1B		3B	LF

#	Players	POS	1	2	3	4	5	6	7	8	9	AB	R	RBI

	Inning	1	2	3	4	5	6	7	8	9	10	11
S U M S	Runs											
	Hits											
	Errors											
	Left on base											

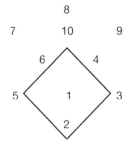

#	Pitchers	W/L/S	IP	H	R	ER	BB	SO	HB	BK	TBF		#	Catchers	PB

Pitching Nine Grid

Game Date ___/___/_____		Final Score		Time		Referee		
Home Team				Start		HP	2B	RF
Visiting Team				End		1B	3B	LF

#	Players	POS	1	2	3	4	5	6	7	8	9	AB	R	RBI

	Inning	1	2	3	4	5	6	7	8	9	10	11
S U M S	Runs											
	Hits											
	Errors											
	Left on base											

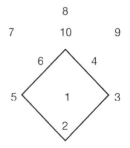

#	Pitchers	W/L/S	IP	H	R	ER	BB	SO	HB	BK	TBF		#	Catchers	PB

Pitching Nine Grid

Game Date ___/___/___		Final Score		Time		Referee		
Home Team				Start	HP	2B		RF
Visiting Team				End	1B	3B		LF

#	Players	POS	1	2	3	4	5	6	7	8	9	AB	R	RBI

		Inning	1	2	3	4	5	6	7	8	9	10	11
S U M S		Runs											
		Hits											
		Errors											
		Left on base											

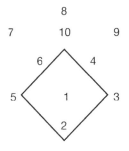

#	Pitchers	W/L/S	IP	H	R	ER	BB	SO	HB	BK	TBF

#	Catchers	PB

Pitching Nine Grid

Game Date ___/___/_____		Final Score		Time		Referee		
Home Team				Start		HP	2B	RF
Visiting Team				End		1B	3B	LF

#	Players	POS	1	2	3	4	5	6	7	8	9	AB	R	RBI

	Inning	1	2	3	4	5	6	7	8	9	10	11
S U M S	Runs											
	Hits											
	Errors											
	Left on base											

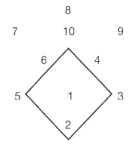

#	Pitchers	W/L/S	IP	H	R	ER	BB	SO	HB	BK	TBF

#	Catchers	PB

Pitching Nine Grid

Game Date ___/___/___		Final Score		Time		Referee		
Home Team				Start		HP	2B	RF
Visiting Team				End		1B	3B	LF

#	Players	POS	1	2	3	4	5	6	7	8	9	AB	R	RBI

	Inning	1	2	3	4	5	6	7	8	9	10	11
S U M S	Runs											
	Hits											
	Errors											
	Left on base											

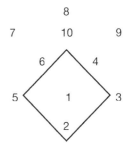

#	Pitchers	W/L/S	IP	H	R	ER	BB	SO	HB	BK	TBF		#	Catchers	PB

Pitching Nine Grid

Game Date ___/___/_____		Final Score		Time		Referee		
Home Team				Start		HP	2B	RF
Visiting Team				End		1B	3B	LF

#	Players	POS	1	2	3	4	5	6	7	8	9	AB	R	RBI

	Inning	1	2	3	4	5	6	7	8	9	10	11
S U M S	Runs											
	Hits											
	Errors											
	Left on base											

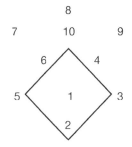

#	Pitchers	W/L/S	IP	H	R	ER	BB	SO	HB	BK	TBF

#	Catchers	PB

Pitching Nine Grid

Game Date ____/____/_____		Final Score		Time		Referee		
Home Team				Start		HP	2B	RF
Visiting Team				End		1B	3B	LF

#	Players	POS	1	2	3	4	5	6	7	8	9	AB	R	RBI

	Inning	1	2	3	4	5	6	7	8	9	10	11
S U M S	Runs											
	Hits											
	Errors											
	Left on base											

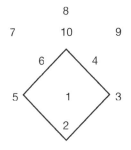

#	Pitchers	W/L/S	IP	H	R	ER	BB	SO	HB	BK	TBF

#	Catchers	PB

Pitching Nine Grid

Game Date ___/___/_____		Final Score		Time		Referee		
Home Team				Start		HP	2B	RF
Visiting Team				End		1B	3B	LF

#	Players	POS	1	2	3	4	5	6	7	8	9	AB	R	RBI

		Inning	1	2	3	4	5	6	7	8	9	10	11
S U M S		Runs											
		Hits											
		Errors											
		Left on base											

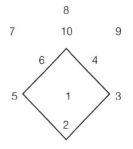

#	Pitchers	W/L/S	IP	H	R	ER	BB	SO	HB	BK	TBF

#	Catchers	PB

Pitching Nine Grid

Baseball Scorecard

Game Date ___/___/___		Final Score		Time		Referee		
Home Team				Start	HP		2B	RF
Visiting Team				End	1B		3B	LF

#	Players	POS	1	2	3	4	5	6	7	8	9	AB	R	RBI

Each cell contains: 1B 2B 3B HR BB with a diamond and OUT marker.

	Inning	1	2	3	4	5	6	7	8	9	10	11
S U M S	Runs											
	Hits											
	Errors											
	Left on base											

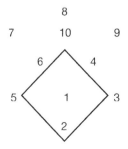

#	Pitchers	W/L/S	IP	H	R	ER	BB	SO	HB	BK	TBF

#	Catchers	PB

Pitching Nine Grid

Baseball Scorecard

Game Date ___/___/___		Final Score		Time		Referee		
Home Team				Start	HP	2B		RF
Visiting Team				End	1B	3B		LF

#	Players	POS	1	2	3	4	5	6	7	8	9	AB	R	RBI

		Inning	1	2	3	4	5	6	7	8	9	10	11
S U M S		Runs											
		Hits											
		Errors											
		Left on base											

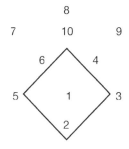

#	Pitchers	W/L/S	IP	H	R	ER	BB	SO	HB	BK	TBF

#	Catchers	PB

Pitching Nine Grid

Game Date ___/___/___		Final Score		Time		Referee		
Home Team				Start		HP	2B	RF
Visiting Team				End		1B	3B	LF

#	Players	POS	1	2	3	4	5	6	7	8	9	AB	R	RBI

	Inning	1	2	3	4	5	6	7	8	9	10	11
S U M S	Runs											
	Hits											
	Errors											
	Left on base											

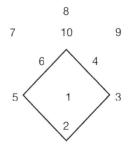

#	Pitchers	W/L/S	IP	H	R	ER	BB	SO	HB	BK	TBF

#	Catchers	PB

Pitching Nine Grid

Game Date ___/___/_____		Final Score		Time		Referee		
Home Team				Start	HP		2B	RF
Visiting Team				End	1B		3B	LF

#	Players	POS	1	2	3	4	5	6	7	8	9	AB	R	RBI

	Inning	1	2	3	4	5	6	7	8	9	10	11
S U M S	Runs											
	Hits											
	Errors											
	Left on base											

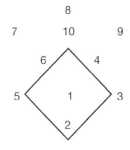

#	Pitchers	W/L/S	IP	H	R	ER	BB	SO	HB	BK	TBF

#	Catchers	PB

Pitching Nine Grid

Game Date ___/___/_____		Final Score		Time		Referee		
Home Team				Start	HP		2B	RF
Visiting Team				End	1B		3B	LF

#	Players	POS	1	2	3	4	5	6	7	8	9	AB	R	RBI

	Inning	1	2	3	4	5	6	7	8	9	10	11
S U M S	Runs											
	Hits											
	Errors											
	Left on base											

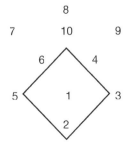

#	Pitchers	W/L/S	IP	H	R	ER	BB	SO	HB	BK	TBF

#	Catchers	PB

Pitching Nine Grid

Game Date ___/___/_____		Final Score		Time		Referee		
Home Team				Start	HP		2B	RF
Visiting Team				End	1B		3B	LF

#	Players	POS	1	2	3	4	5	6	7	8	9	AB	R	RBI
			1B 2B 3B HR BB	1B 2B 3B HR BB	1B 2B 3B HR BB	1B 2B 3B HR BB	1B 2B 3B HR BB	1B 2B 3B HR BB	1B 2B 3B HR BB	1B 2B 3B HR BB	1B 2B 3B HR BB			

	Inning	1	2	3	4	5	6	7	8	9	10	11
S U M S	Runs											
	Hits											
	Errors											
	Left on base											

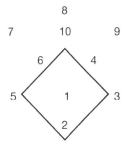

#	Pitchers	W/L/S	IP	H	R	ER	BB	SO	HB	BK	TBF

#	Catchers	PB

Pitching Nine Grid

Game Date ___/___/___		Final Score		Time		Referee		
Home Team				Start	HP		2B	RF
Visiting Team				End	1B		3B	LF

#	Players	POS	1	2	3	4	5	6	7	8	9	AB	R	RBI

	Inning	1	2	3	4	5	6	7	8	9	10	11
S U M S	Runs											
	Hits											
	Errors											
	Left on base											

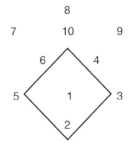

#	Pitchers	W/L/S	IP	H	R	ER	BB	SO	HB	BK	TBF

#	Catchers	PB

Pitching Nine Grid

Game Date ___/___/___		Final Score		Time		Referee		
Home Team				Start		HP	2B	RF
Visiting Team				End		1B	3B	LF

#	Players	POS	1	2	3	4	5	6	7	8	9	AB	R	RBI

	Inning	1	2	3	4	5	6	7	8	9	10	11
S U M S	Runs											
	Hits											
	Errors											
	Left on base											

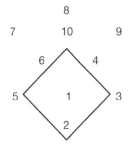

#	Pitchers	W/L/S	IP	H	R	ER	BB	SO	HB	BK	TBF

#	Catchers	PB

Pitching Nine Grid

Game Date ___/___/___		Final Score		Time		Referee		
Home Team				Start		HP	2B	RF
Visiting Team				End		1B	3B	LF

#	Players	POS	1	2	3	4	5	6	7	8	9	AB	R	RBI

		Inning	1	2	3	4	5	6	7	8	9	10	11
S U M S		Runs											
		Hits											
		Errors											
		Left on base											

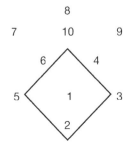

#	Pitchers	W/L/S	IP	H	R	ER	BB	SO	HB	BK	TBF

#	Catchers	PB

Pitching Nine Grid

Game Date ___/___/_____		Final Score		Time		Referee		
Home Team				Start		HP	2B	RF
Visiting Team				End		1B	3B	LF

#	Players	POS	1	2	3	4	5	6	7	8	9	AB	R	RBI

	Inning	1	2	3	4	5	6	7	8	9	10	11
S U M S	Runs											
	Hits											
	Errors											
	Left on base											

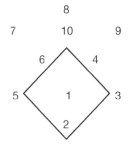

#	Pitchers	W/L/S	IP	H	R	ER	BB	SO	HB	BK	TBF

#	Catchers	PB

Pitching Nine Grid

Game Date ____/____/_____		Final Score		Time		Referee		
Home Team				Start	HP		2B	RF
Visiting Team				End	1B		3B	LF

#	Players	POS	1	2	3	4	5	6	7	8	9	AB	R	RBI

		Inning	1	2	3	4	5	6	7	8	9	10	11
S U M S		Runs											
		Hits											
		Errors											
		Left on base											

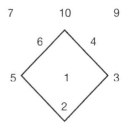

#	Pitchers	W/L/S	IP	H	R	ER	BB	SO	HB	BK	TBF

#	Catchers	PB

Pitching Nine Grid

Baseball Scorecard

Game Date ___/___/_____		Final Score		Time		Referee			
Home Team				Start		HP	2B		RF
Visiting Team				End		1B	3B		LF

#	Players	POS	1	2	3	4	5	6	7	8	9	AB	R	RBI

	Inning	1	2	3	4	5	6	7	8	9	10	11
S U M S	Runs											
	Hits											
	Errors											
	Left on base											

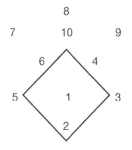

#	Pitchers	W/L/S	IP	H	R	ER	BB	SO	HB	BK	TBF		#	Catchers	PB

Pitching Nine Grid

Baseball Scorecard

Game Date ___/___/_____		Final Score		Time			Referee		
Home Team				Start		HP		2B	RF
Visiting Team				End		1B		3B	LF

#	Players	POS	1	2	3	4	5	6	7	8	9	AB	R	RBI

	Inning	1	2	3	4	5	6	7	8	9	10	11
S U M S	Runs											
	Hits											
	Errors											
	Left on base											

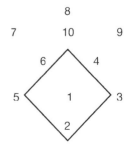

#	Pitchers	W/L/S	IP	H	R	ER	BB	SO	HB	BK	TBF

#	Catchers	PB

Pitching Nine Grid

Game Date ____/____/________	Final Score	Time	Referee		
Home Team		Start	HP	2B	RF
Visiting Team		End	1B	3B	LF

#	Players	POS	1	2	3	4	5	6	7	8	9	AB	R	RBI
			1B 2B 3B HR BB OUT	1B 2B 3B HR BB OUT	1B 2B 3B HR BB OUT	1B 2B 3B HR BB OUT	1B 2B 3B HR BB OUT	1B 2B 3B HR BB OUT	1B 2B 3B HR BB OUT	1B 2B 3B HR BB OUT	1B 2B 3B HR BB OUT			
			1B 2B 3B HR BB OUT	1B 2B 3B HR BB OUT	1B 2B 3B HR BB OUT	1B 2B 3B HR BB OUT	1B 2B 3B HR BB OUT	1B 2B 3B HR BB OUT	1B 2B 3B HR BB OUT	1B 2B 3B HR BB OUT	1B 2B 3B HR BB OUT			
			1B 2B 3B HR BB OUT	1B 2B 3B HR BB OUT	1B 2B 3B HR BB OUT	1B 2B 3B HR BB OUT	1B 2B 3B HR BB OUT	1B 2B 3B HR BB OUT	1B 2B 3B HR BB OUT	1B 2B 3B HR BB OUT	1B 2B 3B HR BB OUT			
			1B 2B 3B HR BB OUT	1B 2B 3B HR BB OUT	1B 2B 3B HR BB OUT	1B 2B 3B HR BB OUT	1B 2B 3B HR BB OUT	1B 2B 3B HR BB OUT	1B 2B 3B HR BB OUT	1B 2B 3B HR BB OUT	1B 2B 3B HR BB OUT			
			1B 2B 3B HR BB OUT	1B 2B 3B HR BB OUT	1B 2B 3B HR BB OUT	1B 2B 3B HR BB OUT	1B 2B 3B HR BB OUT	1B 2B 3B HR BB OUT	1B 2B 3B HR BB OUT	1B 2B 3B HR BB OUT	1B 2B 3B HR BB OUT			
			1B 2B 3B HR BB OUT	1B 2B 3B HR BB OUT	1B 2B 3B HR BB OUT	1B 2B 3B HR BB OUT	1B 2B 3B HR BB OUT	1B 2B 3B HR BB OUT	1B 2B 3B HR BB OUT	1B 2B 3B HR BB OUT	1B 2B 3B HR BB OUT			
			1B 2B 3B HR BB OUT	1B 2B 3B HR BB OUT	1B 2B 3B HR BB OUT	1B 2B 3B HR BB OUT	1B 2B 3B HR BB OUT	1B 2B 3B HR BB OUT	1B 2B 3B HR BB OUT	1B 2B 3B HR BB OUT	1B 2B 3B HR BB OUT			
			1B 2B 3B HR BB OUT	1B 2B 3B HR BB OUT	1B 2B 3B HR BB OUT	1B 2B 3B HR BB OUT	1B 2B 3B HR BB OUT	1B 2B 3B HR BB OUT	1B 2B 3B HR BB OUT	1B 2B 3B HR BB OUT	1B 2B 3B HR BB OUT			
			1B 2B 3B HR BB OUT	1B 2B 3B HR BB OUT	1B 2B 3B HR BB OUT	1B 2B 3B HR BB OUT	1B 2B 3B HR BB OUT	1B 2B 3B HR BB OUT	1B 2B 3B HR BB OUT	1B 2B 3B HR BB OUT	1B 2B 3B HR BB OUT			
			1B 2B 3B HR BB OUT	1B 2B 3B HR BB OUT	1B 2B 3B HR BB OUT	1B 2B 3B HR BB OUT	1B 2B 3B HR BB OUT	1B 2B 3B HR BB OUT	1B 2B 3B HR BB OUT	1B 2B 3B HR BB OUT	1B 2B 3B HR BB OUT			
			1B 2B 3B HR BB OUT	1B 2B 3B HR BB OUT	1B 2B 3B HR BB OUT	1B 2B 3B HR BB OUT	1B 2B 3B HR BB OUT	1B 2B 3B HR BB OUT	1B 2B 3B HR BB OUT	1B 2B 3B HR BB OUT	1B 2B 3B HR BB OUT			
			1B 2B 3B HR BB OUT	1B 2B 3B HR BB OUT	1B 2B 3B HR BB OUT	1B 2B 3B HR BB OUT	1B 2B 3B HR BB OUT	1B 2B 3B HR BB OUT	1B 2B 3B HR BB OUT	1B 2B 3B HR BB OUT	1B 2B 3B HR BB OUT			
			1B 2B 3B HR BB OUT	1B 2B 3B HR BB OUT	1B 2B 3B HR BB OUT	1B 2B 3B HR BB OUT	1B 2B 3B HR BB OUT	1B 2B 3B HR BB OUT	1B 2B 3B HR BB OUT	1B 2B 3B HR BB OUT	1B 2B 3B HR BB OUT			
			1B 2B 3B HR BB OUT	1B 2B 3B HR BB OUT	1B 2B 3B HR BB OUT	1B 2B 3B HR BB OUT	1B 2B 3B HR BB OUT	1B 2B 3B HR BB OUT	1B 2B 3B HR BB OUT	1B 2B 3B HR BB OUT	1B 2B 3B HR BB OUT			
			1B 2B 3B HR BB OUT	1B 2B 3B HR BB OUT	1B 2B 3B HR BB OUT	1B 2B 3B HR BB OUT	1B 2B 3B HR BB OUT	1B 2B 3B HR BB OUT	1B 2B 3B HR BB OUT	1B 2B 3B HR BB OUT	1B 2B 3B HR BB OUT			
			1B 2B 3B HR BB OUT	1B 2B 3B HR BB OUT	1B 2B 3B HR BB OUT	1B 2B 3B HR BB OUT	1B 2B 3B HR BB OUT	1B 2B 3B HR BB OUT	1B 2B 3B HR BB OUT	1B 2B 3B HR BB OUT	1B 2B 3B HR BB OUT			

SUMS	Inning	1	2	3	4	5	6	7	8	9	10	11
	Runs											
	Hits											
	Errors											
	Left on base											

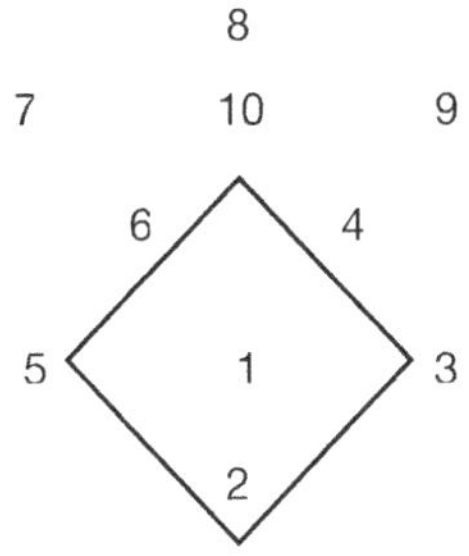

#	Pitchers	W/L/S	IP	H	R	ER	BB	SO	HB	BK	TBF

#	Catchers	PB

Pitching Nine Grid

Baseball Scorecard

Game Date ____/____/_____		Final Score		Time		Referee		
Home Team				Start		HP	2B	RF
Visiting Team				End		1B	3B	LF

#	Players	POS	1	2	3	4	5	6	7	8	9	AB	R	RBI

	Inning	1	2	3	4	5	6	7	8	9	10	11
S U M S	Runs											
	Hits											
	Errors											
	Left on base											

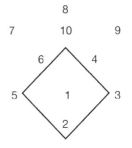

#	Pitchers	W/L/S	IP	H	R	ER	BB	SO	HB	BK	TBF

#	Catchers	PB

Pitching Nine Grid

Game Date ___/___/___		Final Score		Time		Referee		
Home Team				Start		HP	2B	RF
Visiting Team				End		1B	3B	LF

#	Players	POS	1	2	3	4	5	6	7	8	9	AB	R	RBI

		Inning	1	2	3	4	5	6	7	8	9	10	11
S U M S		Runs											
		Hits											
		Errors											
		Left on base											

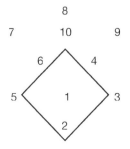

#	Pitchers	W/L/S	IP	H	R	ER	BB	SO	HB	BK	TBF

#	Catchers	PB

Pitching Nine Grid

Game Date ___/___/_____		Final Score		Time		Referee		
Home Team				Start	HP		2B	RF
Visiting Team				End	1B		3B	LF

#	Players	POS	1	2	3	4	5	6	7	8	9	AB	R	RBI

	Inning	1	2	3	4	5	6	7	8	9	10	11
S U M S	Runs											
	Hits											
	Errors											
	Left on base											

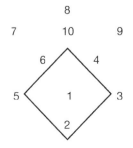

#	Pitchers	W/L/S	IP	H	R	ER	BB	SO	HB	BK	TBF		#	Catchers	PB

Pitching Nine Grid

Game Date ___/___/_____		Final Score		Time		Referee			
Home Team				Start		HP		2B	RF
Visiting Team				End		1B		3B	LF

#	Players	POS	1	2	3	4	5	6	7	8	9	AB	R	RBI

	Inning	1	2	3	4	5	6	7	8	9	10	11
S U M S	Runs											
	Hits											
	Errors											
	Left on base											

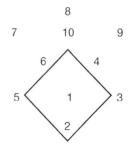

#	Pitchers	W/L/S	IP	H	R	ER	BB	SO	HB	BK	TBF

#	Catchers	PB

Pitching Nine Grid

Baseball Scorecard

Game Date ___/___/_____		Final Score		Time		Referee		
Home Team				Start	HP		2B	RF
Visiting Team				End	1B		3B	LF

#	Players	POS	1	2	3	4	5	6	7	8	9	AB	R	RBI
			1B 2B 3B HR BB	1B 2B 3B HR BB	1B 2B 3B HR BB	1B 2B 3B HR BB	1B 2B 3B HR BB	1B 2B 3B HR BB	1B 2B 3B HR BB	1B 2B 3B HR BB	1B 2B 3B HR BB			

(Rows repeat for batting order with diamond/OUT scoring boxes)

	Inning	1	2	3	4	5	6	7	8	9	10	11
S U M S	Runs											
	Hits											
	Errors											
	Left on base											

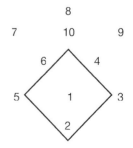

#	Pitchers	W/L/S	IP	H	R	ER	BB	SO	HB	BK	TBF

#	Catchers	PB

Pitching Nine Grid

Game Date ___/___/___		Final Score		Time		Referee		
Home Team				Start	HP	2B		RF
Visiting Team				End	1B	3B		LF

#	Players	POS	1	2	3	4	5	6	7	8	9	AB	R	RBI

	Inning	1	2	3	4	5	6	7	8	9	10	11
S U M S	Runs											
	Hits											
	Errors											
	Left on base											

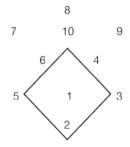

#	Pitchers	W/L/S	IP	H	R	ER	BB	SO	HB	BK	TBF

#	Catchers	PB

Pitching Nine Grid

Game Date ___/___/_____		Final Score		Time		Referee		
Home Team				Start	HP		2B	RF
Visiting Team				End	1B		3B	LF

#	Players	POS	1	2	3	4	5	6	7	8	9	AB	R	RBI

	Inning	1	2	3	4	5	6	7	8	9	10	11
S U M S	Runs											
	Hits											
	Errors											
	Left on base											

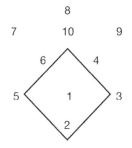

#	Pitchers	W/L/S	IP	H	R	ER	BB	SO	HB	BK	TBF		#	Catchers	PB

Pitching Nine Grid

Game Date ___/___/_____		Final Score		Time		Referee		
Home Team				Start	HP		2B	RF
Visiting Team				End	1B		3B	LF

#	Players	POS	1	2	3	4	5	6	7	8	9	AB	R	RBI

		Inning	1	2	3	4	5	6	7	8	9	10	11
S		Runs											
U		Hits											
M		Errors											
S		Left on base											

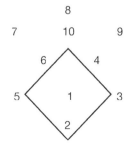

#	Pitchers	W/L/S	IP	H	R	ER	BB	SO	HB	BK	TBF

#	Catchers	PB

Pitching Nine Grid

Game Date ___/___/_____		Final Score		Time		Referee		
Home Team				Start		HP	2B	RF
Visiting Team				End		1B	3B	LF

#	Players	POS	1	2	3	4	5	6	7	8	9	AB	R	RBI

	Inning	1	2	3	4	5	6	7	8	9	10	11
S U M S	Runs											
	Hits											
	Errors											
	Left on base											

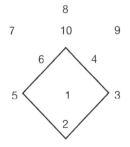

#	Pitchers	W/L/S	IP	H	R	ER	BB	SO	HB	BK	TBF

#	Catchers	PB

Pitching Nine Grid

Game Date ___/___/_____		Final Score		Time		Referee		
Home Team				Start	HP	2B		RF
Visiting Team				End	1B	3B		LF

#	Players	POS	1	2	3	4	5	6	7	8	9	AB	R	RBI

	Inning	1	2	3	4	5	6	7	8	9	10	11
S U M S	Runs											
	Hits											
	Errors											
	Left on base											

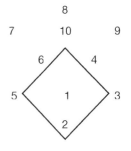

#	Pitchers	W/L/S	IP	H	R	ER	BB	SO	HB	BK	TBF

#	Catchers	PB

Pitching Nine Grid

Game Date ____/____/________		Final Score	Time	Referee		
Home Team			Start	HP	2B	RF
Visiting Team			End	1B	3B	LF

#	Players	POS	1	2	3	4	5	6	7	8	9	AB	R	RBI
			1B 2B 3B HR BB OUT	1B 2B 3B HR BB OUT	1B 2B 3B HR BB OUT	1B 2B 3B HR BB OUT	1B 2B 3B HR BB OUT	1B 2B 3B HR BB OUT	1B 2B 3B HR BB OUT	1B 2B 3B HR BB OUT	1B 2B 3B HR BB OUT			
			1B 2B 3B HR BB OUT	1B 2B 3B HR BB OUT	1B 2B 3B HR BB OUT	1B 2B 3B HR BB OUT	1B 2B 3B HR BB OUT	1B 2B 3B HR BB OUT	1B 2B 3B HR BB OUT	1B 2B 3B HR BB OUT	1B 2B 3B HR BB OUT			
			1B 2B 3B HR BB OUT	1B 2B 3B HR BB OUT	1B 2B 3B HR BB OUT	1B 2B 3B HR BB OUT	1B 2B 3B HR BB OUT	1B 2B 3B HR BB OUT	1B 2B 3B HR BB OUT	1B 2B 3B HR BB OUT	1B 2B 3B HR BB OUT			
			1B 2B 3B HR BB OUT	1B 2B 3B HR BB OUT	1B 2B 3B HR BB OUT	1B 2B 3B HR BB OUT	1B 2B 3B HR BB OUT	1B 2B 3B HR BB OUT	1B 2B 3B HR BB OUT	1B 2B 3B HR BB OUT	1B 2B 3B HR BB OUT			
			1B 2B 3B HR BB OUT	1B 2B 3B HR BB OUT	1B 2B 3B HR BB OUT	1B 2B 3B HR BB OUT	1B 2B 3B HR BB OUT	1B 2B 3B HR BB OUT	1B 2B 3B HR BB OUT	1B 2B 3B HR BB OUT	1B 2B 3B HR BB OUT			
			1B 2B 3B HR BB OUT	1B 2B 3B HR BB OUT	1B 2B 3B HR BB OUT	1B 2B 3B HR BB OUT	1B 2B 3B HR BB OUT	1B 2B 3B HR BB OUT	1B 2B 3B HR BB OUT	1B 2B 3B HR BB OUT	1B 2B 3B HR BB OUT			
			1B 2B 3B HR BB OUT	1B 2B 3B HR BB OUT	1B 2B 3B HR BB OUT	1B 2B 3B HR BB OUT	1B 2B 3B HR BB OUT	1B 2B 3B HR BB OUT	1B 2B 3B HR BB OUT	1B 2B 3B HR BB OUT	1B 2B 3B HR BB OUT			
			1B 2B 3B HR BB OUT	1B 2B 3B HR BB OUT	1B 2B 3B HR BB OUT	1B 2B 3B HR BB OUT	1B 2B 3B HR BB OUT	1B 2B 3B HR BB OUT	1B 2B 3B HR BB OUT	1B 2B 3B HR BB OUT	1B 2B 3B HR BB OUT			
			1B 2B 3B HR BB OUT	1B 2B 3B HR BB OUT	1B 2B 3B HR BB OUT	1B 2B 3B HR BB OUT	1B 2B 3B HR BB OUT	1B 2B 3B HR BB OUT	1B 2B 3B HR BB OUT	1B 2B 3B HR BB OUT	1B 2B 3B HR BB OUT			
			1B 2B 3B HR BB OUT	1B 2B 3B HR BB OUT	1B 2B 3B HR BB OUT	1B 2B 3B HR BB OUT	1B 2B 3B HR BB OUT	1B 2B 3B HR BB OUT	1B 2B 3B HR BB OUT	1B 2B 3B HR BB OUT	1B 2B 3B HR BB OUT			
			1B 2B 3B HR BB OUT	1B 2B 3B HR BB OUT	1B 2B 3B HR BB OUT	1B 2B 3B HR BB OUT	1B 2B 3B HR BB OUT	1B 2B 3B HR BB OUT	1B 2B 3B HR BB OUT	1B 2B 3B HR BB OUT	1B 2B 3B HR BB OUT			
			1B 2B 3B HR BB OUT	1B 2B 3B HR BB OUT	1B 2B 3B HR BB OUT	1B 2B 3B HR BB OUT	1B 2B 3B HR BB OUT	1B 2B 3B HR BB OUT	1B 2B 3B HR BB OUT	1B 2B 3B HR BB OUT	1B 2B 3B HR BB OUT			
			1B 2B 3B HR BB OUT	1B 2B 3B HR BB OUT	1B 2B 3B HR BB OUT	1B 2B 3B HR BB OUT	1B 2B 3B HR BB OUT	1B 2B 3B HR BB OUT	1B 2B 3B HR BB OUT	1B 2B 3B HR BB OUT	1B 2B 3B HR BB OUT			
			1B 2B 3B HR BB OUT	1B 2B 3B HR BB OUT	1B 2B 3B HR BB OUT	1B 2B 3B HR BB OUT	1B 2B 3B HR BB OUT	1B 2B 3B HR BB OUT	1B 2B 3B HR BB OUT	1B 2B 3B HR BB OUT	1B 2B 3B HR BB OUT			
			1B 2B 3B HR BB OUT	1B 2B 3B HR BB OUT	1B 2B 3B HR BB OUT	1B 2B 3B HR BB OUT	1B 2B 3B HR BB OUT	1B 2B 3B HR BB OUT	1B 2B 3B HR BB OUT	1B 2B 3B HR BB OUT	1B 2B 3B HR BB OUT			
			1B 2B 3B HR BB OUT	1B 2B 3B HR BB OUT	1B 2B 3B HR BB OUT	1B 2B 3B HR BB OUT	1B 2B 3B HR BB OUT	1B 2B 3B HR BB OUT	1B 2B 3B HR BB OUT	1B 2B 3B HR BB OUT	1B 2B 3B HR BB OUT			

SUMS	Inning	1	2	3	4	5	6	7	8	9	10	11
	Runs											
	Hits											
	Errors											
	Left on base											

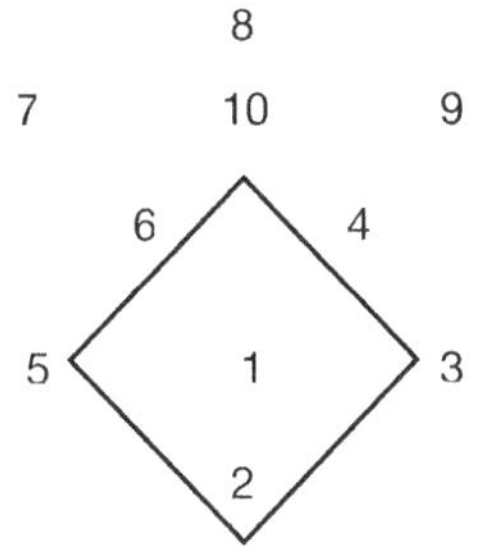

#	Pitchers	W/L/S	IP	H	R	ER	BB	SO	HB	BK	TBF

#	Catchers	PB

Pitching Nine Grid

Game Date ___/___/_____		Final Score		Time		Referee		
Home Team				Start	HP		2B	RF
Visiting Team				End	1B		3B	LF

#	Players	POS	1	2	3	4	5	6	7	8	9	AB	R	RBI

	Inning	1	2	3	4	5	6	7	8	9	10	11
S U M S	Runs											
	Hits											
	Errors											
	Left on base											

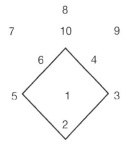

#	Pitchers	W/L/S	IP	H	R	ER	BB	SO	HB	BK	TBF

#	Catchers	PB

Pitching Nine Grid

Game Date ___/___/___		Final Score		Time		Referee		
Home Team				Start		HP	2B	RF
Visiting Team				End		1B	3B	LF

#	Players	POS	1	2	3	4	5	6	7	8	9	AB	R	RBI

	Inning	1	2	3	4	5	6	7	8	9	10	11
S U M S	Runs											
	Hits											
	Errors											
	Left on base											

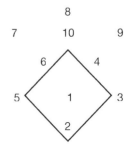

#	Pitchers	W/L/S	IP	H	R	ER	BB	SO	HB	BK	TBF		#	Catchers	PB

Pitching Nine Grid

Game Date ___/___/_____		Final Score		Time		Referee		
Home Team				Start	HP		2B	RF
Visiting Team				End	1B		3B	LF

#	Players	POS	1	2	3	4	5	6	7	8	9	AB	R	RBI

		Inning	1	2	3	4	5	6	7	8	9	10	11
S		Runs											
U		Hits											
M		Errors											
S		Left on base											

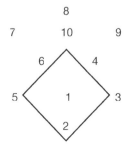

#	Pitchers	W/L/S	IP	H	R	ER	BB	SO	HB	BK	TBF

#	Catchers	PB

Pitching Nine Grid

Game Date ___/___/___		Final Score		Time		Referee		
Home Team				Start		HP	2B	RF
Visiting Team				End		1B	3B	LF

#	Players	POS	1	2	3	4	5	6	7	8	9	AB	R	RBI

	Inning	1	2	3	4	5	6	7	8	9	10	11
S U M S	Runs											
	Hits											
	Errors											
	Left on base											

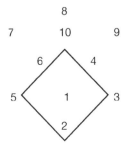

#	Pitchers	W/L/S	IP	H	R	ER	BB	SO	HB	BK	TBF

#	Catchers	PB

Pitching Nine Grid

Game Date ___/___/_____		Final Score	Time		Referee		
Home Team			Start	HP	2B		RF
Visiting Team			End	1B	3B		LF

#	Players	POS	1	2	3	4	5	6	7	8	9	AB	R	RBI

SUMS	Inning	1	2	3	4	5	6	7	8	9	10	11
	Runs											
	Hits											
	Errors											
	Left on base											

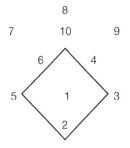

#	Pitchers	W/L/S	IP	H	R	ER	BB	SO	HB	BK	TBF

#	Catchers	PB

Pitching Nine Grid

Game Date ___/___/_____		Final Score		Time		Referee		
Home Team				Start	HP		2B	RF
Visiting Team				End	1B		3B	LF

#	Players	POS	1	2	3	4	5	6	7	8	9	AB	R	RBI

	Inning	1	2	3	4	5	6	7	8	9	10	11
S U M S	Runs											
	Hits											
	Errors											
	Left on base											

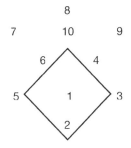

#	Pitchers	W/L/S	IP	H	R	ER	BB	SO	HB	BK	TBF

#	Catchers	PB

Pitching Nine Grid

Baseball Scorecard

Game Date ___/___/_____		Final Score		Time		Referee		
Home Team				Start		HP	2B	RF
Visiting Team				End		1B	3B	LF

#	Players	POS	1	2	3	4	5	6	7	8	9	AB	R	RBI

	Inning	1	2	3	4	5	6	7	8	9	10	11
S U M S	Runs											
	Hits											
	Errors											
	Left on base											

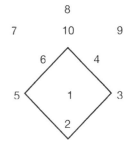

#	Pitchers	W/L/S	IP	H	R	ER	BB	SO	HB	BK	TBF

#	Catchers	PB

Pitching Nine Grid

Game Date ____/____/_____	Final Score	Time		Referee		
Home Team		Start	HP		2B	RF
Visiting Team		End	1B		3B	LF

#	Players	POS	1	2	3	4	5	6	7	8	9	AB	R	RBI

	Inning	1	2	3	4	5	6	7	8	9	10	11
S U M S	Runs											
	Hits											
	Errors											
	Left on base											

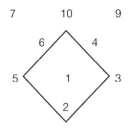

#	Pitchers	W/L/S	IP	H	R	ER	BB	SO	HB	BK	TBF

#	Catchers	PB

Pitching Nine Grid

Game Date ___/___/_____		Final Score		Time		Referee		
Home Team				Start		HP	2B	RF
Visiting Team				End		1B	3B	LF

#	Players	POS	1	2	3	4	5	6	7	8	9	AB	R	RBI

		Inning	1	2	3	4	5	6	7	8	9	10	11
S		Runs											
U		Hits											
M		Errors											
S		Left on base											

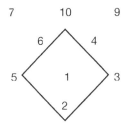

#	Pitchers	W/L/S	IP	H	R	ER	BB	SO	HB	BK	TBF

#	Catchers	PB

Pitching Nine Grid

Game Date ___/___/_____		Final Score	Time		Referee		
Home Team			Start	HP	2B		RF
Visiting Team			End	1B	3B		LF

#	Players	POS	1	2	3	4	5	6	7	8	9	AB	R	RBI

	Inning	1	2	3	4	5	6	7	8	9	10	11
S U M S	Runs											
	Hits											
	Errors											
	Left on base											

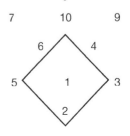

#	Pitchers	W/L/S	IP	H	R	ER	BB	SO	HB	BK	TBF

#	Catchers	PB

Pitching Nine Grid

Baseball Scorecard

Game Date ___/___/___		Final Score	Time		Referee		
Home Team			Start	HP	2B		RF
Visiting Team			End	1B	3B		LF

#	Players	POS	1	2	3	4	5	6	7	8	9	AB	R	RBI

(Scoring diamonds with 1B 2B 3B HR BB and OUT markings for each at-bat)

	Inning	1	2	3	4	5	6	7	8	9	10	11
S U M S	Runs											
	Hits											
	Errors											
	Left on base											

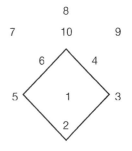

Position diagram: 1 (pitcher), 2 (catcher), 3 (1B), 4 (2B), 5 (3B), 6 (SS), 7 (LF), 8 (CF), 9 (RF), 10

#	Pitchers	W/L/S	IP	H	R	ER	BB	SO	HB	BK	TBF

#	Catchers	PB

Pitching Nine Grid

Baseball Scorecard

Game Date ___/___/___		Final Score		Time		Referee		
Home Team				Start		HP	2B	RF
Visiting Team				End		1B	3B	LF

#	Players	POS	1	2	3	4	5	6	7	8	9	AB	R	RBI

	Inning	1	2	3	4	5	6	7	8	9	10	11
S U M S	Runs											
	Hits											
	Errors											
	Left on base											

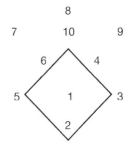

#	Pitchers	W/L/S	IP	H	R	ER	BB	SO	HB	BK	TBF

#	Catchers	PB

Pitching Nine Grid

Game Date ___/___/_____		Final Score		Time		Referee		
Home Team				Start	HP		2B	RF
Visiting Team				End	1B		3B	LF

#	Players	POS	1	2	3	4	5	6	7	8	9	AB	R	RBI

		Inning	1	2	3	4	5	6	7	8	9	10	11
S		Runs											
U		Hits											
M		Errors											
S		Left on base											

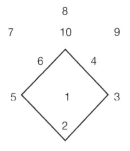

#	Pitchers	W/L/S	IP	H	R	ER	BB	SO	HB	BK	TBF

#	Catchers	PB

Pitching Nine Grid

Game Date ___/___/___		Final Score		Time		Referee		
Home Team				Start	HP		2B	RF
Visiting Team				End	1B		3B	LF

#	Players	POS	1	2	3	4	5	6	7	8	9	AB	R	RBI

S U M S	Inning	1	2	3	4	5	6	7	8	9	10	11
	Runs											
	Hits											
	Errors											
	Left on base											

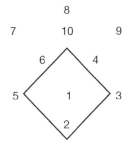

#	Pitchers	W/L/S	IP	H	R	ER	BB	SO	HB	BK	TBF

#	Catchers	PB

Pitching Nine Grid

Game Date ___/___/_____	Final Score	Time		Referee		
Home Team		Start	HP	2B		RF
Visiting Team		End	1B	3B		LF

#	Players	POS	1	2	3	4	5	6	7	8	9	AB	R	RBI

	Inning	1	2	3	4	5	6	7	8	9	10	11
S U M S	Runs											
	Hits											
	Errors											
	Left on base											

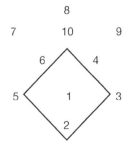

#	Pitchers	W/L/S	IP	H	R	ER	BB	SO	HB	BK	TBF

#	Catchers	PB

Pitching Nine Grid

Game Date ___/___/___		Final Score		Time		Referee		
Home Team				Start	HP		2B	RF
Visiting Team				End	1B		3B	LF

#	Players	POS	1	2	3	4	5	6	7	8	9	AB	R	RBI

	Inning	1	2	3	4	5	6	7	8	9	10	11
S U M S	Runs											
	Hits											
	Errors											
	Left on base											

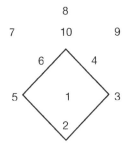

#	Pitchers	W/L/S	IP	H	R	ER	BB	SO	HB	BK	TBF

#	Catchers	PB

Pitching Nine Grid

Game Date ___/___/_____		Final Score	Time		Referee		
Home Team			Start	HP	2B		RF
Visiting Team			End	1B	3B		LF

#	Players	POS	1	2	3	4	5	6	7	8	9	AB	R	RBI

	Inning	1	2	3	4	5	6	7	8	9	10	11
S U M S	Runs											
	Hits											
	Errors											
	Left on base											

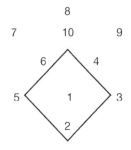

#	Pitchers	W/L/S	IP	H	R	ER	BB	SO	HB	BK	TBF

#	Catchers	PB

Pitching Nine Grid

Game Date ___/___/_____		Final Score		Time		Referee		
Home Team				Start	HP		2B	RF
Visiting Team				End	1B		3B	LF

#	Players	POS	1	2	3	4	5	6	7	8	9	AB	R	RBI

	Inning	1	2	3	4	5	6	7	8	9	10	11
S U M S	Runs											
	Hits											
	Errors											
	Left on base											

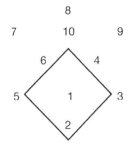

#	Pitchers	W/L/S	IP	H	R	ER	BB	SO	HB	BK	TBF		#	Catchers	PB

Pitching Nine Grid

Baseball Scorecard

Game Date ____/____/_____	Final Score	Time		Referee		
Home Team		Start	HP		2B	RF
Visiting Team		End	1B		3B	LF

#	Players	POS	1	2	3	4	5	6	7	8	9	AB	R	RBI

	Inning	1	2	3	4	5	6	7	8	9	10	11
S U M S	Runs											
	Hits											
	Errors											
	Left on base											

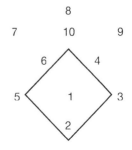

#	Pitchers	W/L/S	IP	H	R	ER	BB	SO	HB	BK	TBF

#	Catchers	PB

Pitching Nine Grid

Baseball Scorecard

Game Date ___/___/___		Final Score		Time		Referee		
Home Team				Start	HP	2B		RF
Visiting Team				End	1B	3B		LF

#	Players	POS	1	2	3	4	5	6	7	8	9	AB	R	RBI

Each cell contains: 1B 2B 3B HR BB / diamond with OUT

SUMS	Inning	1	2	3	4	5	6	7	8	9	10	11
	Runs											
	Hits											
	Errors											
	Left on base											

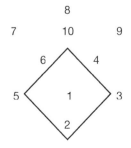

#	Pitchers	W/L/S	IP	H	R	ER	BB	SO	HB	BK	TBF

#	Catchers	PB

Pitching Nine Grid

Game Date ___/___/_____	Final Score	Time		Referee		
Home Team		Start	HP	2B	RF
Visiting Team		End	1B	3B	LF

#	Players	POS	1	2	3	4	5	6	7	8	9	AB	R	RBI

	Inning	1	2	3	4	5	6	7	8	9	10	11
S U M S	Runs											
	Hits											
	Errors											
	Left on base											

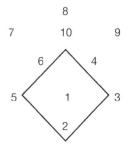

#	Pitchers	W/L/S	IP	H	R	ER	BB	SO	HB	BK	TBF

#	Catchers	PB

Pitching Nine Grid

Game Date ___/___/_____		Final Score		Time		Referee		
Home Team				Start		HP	2B	RF
Visiting Team				End		1B	3B	LF

#	Players	POS	1	2	3	4	5	6	7	8	9	AB	R	RBI

	Inning	1	2	3	4	5	6	7	8	9	10	11
S U M S	Runs											
	Hits											
	Errors											
	Left on base											

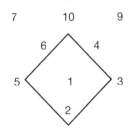

#	Pitchers	W/L/S	IP	H	R	ER	BB	SO	HB	BK	TBF

#	Catchers	PB

Pitching Nine Grid

Baseball Scorecard

Game Date ___/___/___	Final Score	Time		Referee		
Home Team		Start	HP	2B		RF
Visiting Team		End	1B	3B		LF

#	Players	POS	1	2	3	4	5	6	7	8	9	AB	R	RBI

	Inning	1	2	3	4	5	6	7	8	9	10	11
S	Runs											
U	Hits											
M	Errors											
S	Left on base											

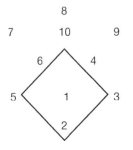

#	Pitchers	W/L/S	IP	H	R	ER	BB	SO	HB	BK	TBF

#	Catchers	PB

Pitching Nine Grid

Game Date ___/___/___		Final Score	Time		Referee		
Home Team			Start	HP	2B		RF
Visiting Team			End	1B	3B		LF

#	Players	POS	1	2	3	4	5	6	7	8	9	AB	R	RBI

	Inning	1	2	3	4	5	6	7	8	9	10	11
S U M S	Runs											
	Hits											
	Errors											
	Left on base											

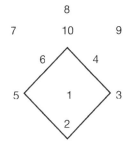

#	Pitchers	W/L/S	IP	H	R	ER	BB	SO	HB	BK	TBF

#	Catchers	PB

Pitching Nine Grid

Game Date ___/___/___		Final Score		Time		Referee		
Home Team				Start		HP	2B	RF
Visiting Team				End		1B	3B	LF

#	Players	POS	1	2	3	4	5	6	7	8	9	AB	R	RBI

	Inning	1	2	3	4	5	6	7	8	9	10	11
S U M S	Runs											
	Hits											
	Errors											
	Left on base											

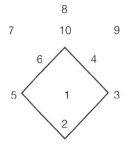

#	Pitchers	W/L/S	IP	H	R	ER	BB	SO	HB	BK	TBF

#	Catchers	PB

Pitching Nine Grid

Baseball Scorecard

Game Date ___/___/_____		Final Score		Time		Referee		
Home Team				Start		HP	2B	RF
Visiting Team				End		1B	3B	LF

#	Players	POS	1	2	3	4	5	6	7	8	9	AB	R	RBI

	Inning	1	2	3	4	5	6	7	8	9	10	11
S U M S	Runs											
	Hits											
	Errors											
	Left on base											

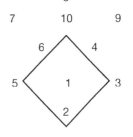

#	Pitchers	W/L/S	IP	H	R	ER	BB	SO	HB	BK	TBF

#	Catchers	PB

Pitching Nine Grid

Game Date ___/___/_____		Final Score		Time		Referee		
Home Team				Start	HP		2B	RF
Visiting Team				End	1B		3B	LF

#	Players	POS	1	2	3	4	5	6	7	8	9	AB	R	RBI

	Inning	1	2	3	4	5	6	7	8	9	10	11
S U M S	Runs											
	Hits											
	Errors											
	Left on base											

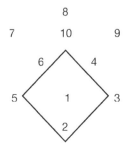

#	Pitchers	W/L/S	IP	H	R	ER	BB	SO	HB	BK	TBF

#	Catchers	PB

Pitching Nine Grid

Game Date ___/___/___		Final Score		Time		Referee		
Home Team				Start		HP	2B	RF
Visiting Team				End		1B	3B	LF

#	Players	POS	1	2	3	4	5	6	7	8	9	AB	R	RBI

	Inning	1	2	3	4	5	6	7	8	9	10	11
S U M S	Runs											
	Hits											
	Errors											
	Left on base											

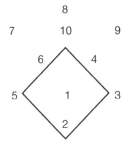

#	Pitchers	W/L/S	IP	H	R	ER	BB	SO	HB	BK	TBF

#	Catchers	PB

Pitching Nine Grid

Game Date ___/___/_____		Final Score		Time		Referee			
Home Team				Start		HP	2B		RF
Visiting Team				End		1B	3B		LF

#	Players	POS	1	2	3	4	5	6	7	8	9	AB	R	RBI

		Inning	1	2	3	4	5	6	7	8	9	10	11
S U M S		Runs											
		Hits											
		Errors											
		Left on base											

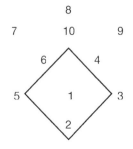

#	Pitchers	W/L/S	IP	H	R	ER	BB	SO	HB	BK	TBF

#	Catchers	PB

Pitching Nine Grid

Baseball Scorecard

Game Date ___/___/___		Final Score		Time		Referee		
Home Team				Start	HP		2B	RF
Visiting Team				End	1B		3B	LF

#	Players	POS	1	2	3	4	5	6	7	8	9	AB	R	RBI

Each cell contains: 1B 2B 3B HR BB / diamond / OUT

		Inning	1	2	3	4	5	6	7	8	9	10	11
S U M S		Runs											
		Hits											
		Errors											
		Left on base											

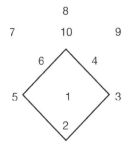

#	Pitchers	W/L/S	IP	H	R	ER	BB	SO	HB	BK	TBF

#	Catchers	PB

Pitching Nine Grid

Game Date ___/___/___		Final Score		Time		Referee		
Home Team				Start		HP	2B	RF
Visiting Team				End		1B	3B	LF

#	Players	POS	1	2	3	4	5	6	7	8	9	AB	R	RBI

		Inning	1	2	3	4	5	6	7	8	9	10	11
S U M S		Runs											
		Hits											
		Errors											
		Left on base											

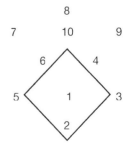

#	Pitchers	W/L/S	IP	H	R	ER	BB	SO	HB	BK	TBF

#	Catchers	PB

Pitching Nine Grid

Baseball Scorecard

Game Date ___/___/_____	Final Score	Time		Referee		
Home Team		Start	HP	2B		RF
Visiting Team		End	1B	3B		LF

#	Players	POS	1	2	3	4	5	6	7	8	9	AB	R	RBI

		Inning	1	2	3	4	5	6	7	8	9	10	11
S		Runs											
U		Hits											
M		Errors											
S		Left on base											

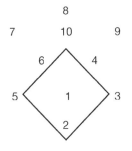

#	Pitchers	W/L/S	IP	H	R	ER	BB	SO	HB	BK	TBF

#	Catchers	PB

Pitching Nine Grid

Game Date ___/___/_____		Final Score		Time		Referee		
Home Team				Start		HP	2B	RF
Visiting Team				End		1B	3B	LF

#	Players	POS	1	2	3	4	5	6	7	8	9	AB	R	RBI

	Inning	1	2	3	4	5	6	7	8	9	10	11
S U M S	Runs											
	Hits											
	Errors											
	Left on base											

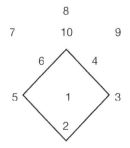

#	Pitchers	W/L/S	IP	H	R	ER	BB	SO	HB	BK	TBF

#	Catchers	PB

Pitching Nine Grid

Game Date ___/___/___		Final Score		Time		Referee		
Home Team				Start		HP	2B	RF
Visiting Team				End		1B	3B	LF

#	Players	POS	1	2	3	4	5	6	7	8	9	AB	R	RBI

	Inning	1	2	3	4	5	6	7	8	9	10	11
S U M S	Runs											
	Hits											
	Errors											
	Left on base											

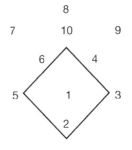

#	Pitchers	W/L/S	IP	H	R	ER	BB	SO	HB	BK	TBF

#	Catchers	PB

Pitching Nine Grid

Game Date ____/____/________	Final Score	Time	Referee		
Home Team		Start	HP	2B	RF
Visiting Team		End	1B	3B	LF

#	Players	POS	1	2	3	4	5	6	7	8	9	AB	R	RBI
			1B 2B 3B HR BB OUT	1B 2B 3B HR BB OUT	1B 2B 3B HR BB OUT	1B 2B 3B HR BB OUT	1B 2B 3B HR BB OUT	1B 2B 3B HR BB OUT	1B 2B 3B HR BB OUT	1B 2B 3B HR BB OUT	1B 2B 3B HR BB OUT			
			1B 2B 3B HR BB OUT	1B 2B 3B HR BB OUT	1B 2B 3B HR BB OUT	1B 2B 3B HR BB OUT	1B 2B 3B HR BB OUT	1B 2B 3B HR BB OUT	1B 2B 3B HR BB OUT	1B 2B 3B HR BB OUT	1B 2B 3B HR BB OUT			
			1B 2B 3B HR BB OUT	1B 2B 3B HR BB OUT	1B 2B 3B HR BB OUT	1B 2B 3B HR BB OUT	1B 2B 3B HR BB OUT	1B 2B 3B HR BB OUT	1B 2B 3B HR BB OUT	1B 2B 3B HR BB OUT	1B 2B 3B HR BB OUT			
			1B 2B 3B HR BB OUT	1B 2B 3B HR BB OUT	1B 2B 3B HR BB OUT	1B 2B 3B HR BB OUT	1B 2B 3B HR BB OUT	1B 2B 3B HR BB OUT	1B 2B 3B HR BB OUT	1B 2B 3B HR BB OUT	1B 2B 3B HR BB OUT			
			1B 2B 3B HR BB OUT	1B 2B 3B HR BB OUT	1B 2B 3B HR BB OUT	1B 2B 3B HR BB OUT	1B 2B 3B HR BB OUT	1B 2B 3B HR BB OUT	1B 2B 3B HR BB OUT	1B 2B 3B HR BB OUT	1B 2B 3B HR BB OUT			
			1B 2B 3B HR BB OUT	1B 2B 3B HR BB OUT	1B 2B 3B HR BB OUT	1B 2B 3B HR BB OUT	1B 2B 3B HR BB OUT	1B 2B 3B HR BB OUT	1B 2B 3B HR BB OUT	1B 2B 3B HR BB OUT	1B 2B 3B HR BB OUT			
			1B 2B 3B HR BB OUT	1B 2B 3B HR BB OUT	1B 2B 3B HR BB OUT	1B 2B 3B HR BB OUT	1B 2B 3B HR BB OUT	1B 2B 3B HR BB OUT	1B 2B 3B HR BB OUT	1B 2B 3B HR BB OUT	1B 2B 3B HR BB OUT			
			1B 2B 3B HR BB OUT	1B 2B 3B HR BB OUT	1B 2B 3B HR BB OUT	1B 2B 3B HR BB OUT	1B 2B 3B HR BB OUT	1B 2B 3B HR BB OUT	1B 2B 3B HR BB OUT	1B 2B 3B HR BB OUT	1B 2B 3B HR BB OUT			
			1B 2B 3B HR BB OUT	1B 2B 3B HR BB OUT	1B 2B 3B HR BB OUT	1B 2B 3B HR BB OUT	1B 2B 3B HR BB OUT	1B 2B 3B HR BB OUT	1B 2B 3B HR BB OUT	1B 2B 3B HR BB OUT	1B 2B 3B HR BB OUT			
			1B 2B 3B HR BB OUT	1B 2B 3B HR BB OUT	1B 2B 3B HR BB OUT	1B 2B 3B HR BB OUT	1B 2B 3B HR BB OUT	1B 2B 3B HR BB OUT	1B 2B 3B HR BB OUT	1B 2B 3B HR BB OUT	1B 2B 3B HR BB OUT			
			1B 2B 3B HR BB OUT	1B 2B 3B HR BB OUT	1B 2B 3B HR BB OUT	1B 2B 3B HR BB OUT	1B 2B 3B HR BB OUT	1B 2B 3B HR BB OUT	1B 2B 3B HR BB OUT	1B 2B 3B HR BB OUT	1B 2B 3B HR BB OUT			
			1B 2B 3B HR BB OUT	1B 2B 3B HR BB OUT	1B 2B 3B HR BB OUT	1B 2B 3B HR BB OUT	1B 2B 3B HR BB OUT	1B 2B 3B HR BB OUT	1B 2B 3B HR BB OUT	1B 2B 3B HR BB OUT	1B 2B 3B HR BB OUT			
			1B 2B 3B HR BB OUT	1B 2B 3B HR BB OUT	1B 2B 3B HR BB OUT	1B 2B 3B HR BB OUT	1B 2B 3B HR BB OUT	1B 2B 3B HR BB OUT	1B 2B 3B HR BB OUT	1B 2B 3B HR BB OUT	1B 2B 3B HR BB OUT			
			1B 2B 3B HR BB OUT	1B 2B 3B HR BB OUT	1B 2B 3B HR BB OUT	1B 2B 3B HR BB OUT	1B 2B 3B HR BB OUT	1B 2B 3B HR BB OUT	1B 2B 3B HR BB OUT	1B 2B 3B HR BB OUT	1B 2B 3B HR BB OUT			
			1B 2B 3B HR BB OUT	1B 2B 3B HR BB OUT	1B 2B 3B HR BB OUT	1B 2B 3B HR BB OUT	1B 2B 3B HR BB OUT	1B 2B 3B HR BB OUT	1B 2B 3B HR BB OUT	1B 2B 3B HR BB OUT	1B 2B 3B HR BB OUT			
			1B 2B 3B HR BB OUT	1B 2B 3B HR BB OUT	1B 2B 3B HR BB OUT	1B 2B 3B HR BB OUT	1B 2B 3B HR BB OUT	1B 2B 3B HR BB OUT	1B 2B 3B HR BB OUT	1B 2B 3B HR BB OUT	1B 2B 3B HR BB OUT			

SUMS	Inning	1	2	3	4	5	6	7	8	9	10	11
	Runs											
	Hits											
	Errors											
	Left on base											

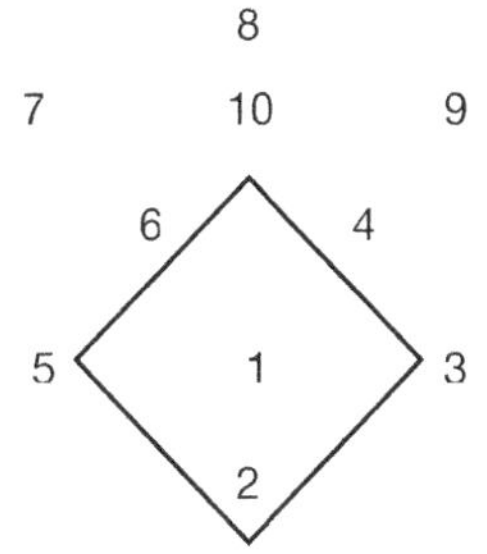

#	Pitchers	W/L/S	IP	H	R	ER	BB	SO	HB	BK	TBF

#	Catchers	PB

Pitching Nine Grid

Game Date ___/___/_____		Final Score		Time		Referee		
Home Team				Start	HP	2B		RF
Visiting Team				End	1B	3B		LF

#	Players	POS	1	2	3	4	5	6	7	8	9	AB	R	RBI

	Inning	1	2	3	4	5	6	7	8	9	10	11
S U M S	Runs											
	Hits											
	Errors											
	Left on base											

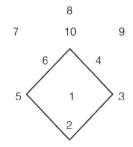

#	Pitchers	W/L/S	IP	H	R	ER	BB	SO	HB	BK	TBF

#	Catchers	PB

Pitching Nine Grid

Game Date ___/___/_____		Final Score		Time		Referee		
Home Team				Start	HP		2B	RF
Visiting Team				End	1B		3B	LF

#	Players	POS	1	2	3	4	5	6	7	8	9	AB	R	RBI

	Inning	1	2	3	4	5	6	7	8	9	10	11
S U M S	Runs											
	Hits											
	Errors											
	Left on base											

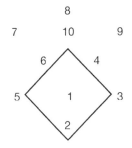

#	Pitchers	W/L/S	IP	H	R	ER	BB	SO	HB	BK	TBF

#	Catchers	PB

Pitching Nine Grid

Baseball Scorecard

Game Date ___/___/_____	Final Score	Time		Referee		
Home Team		Start	HP	2B		RF
Visiting Team		End	1B	3B		LF

#	Players	POS	1	2	3	4	5	6	7	8	9	AB	R	RBI
			1B 2B 3B HR BB	1B 2B 3B HR BB	1B 2B 3B HR BB	1B 2B 3B HR BB	1B 2B 3B HR BB	1B 2B 3B HR BB	1B 2B 3B HR BB	1B 2B 3B HR BB	1B 2B 3B HR BB			

S U M S	Inning	1	2	3	4	5	6	7	8	9	10	11		
	Runs													
	Hits													
	Errors													
	Left on base													

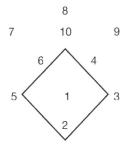

#	Pitchers	W/L/S	IP	H	R	ER	BB	SO	HB	BK	TBF

#	Catchers	PB

Pitching Nine Grid

Baseball Scorecard

Game Date ___/___/_____		Final Score		Time		Referee		
Home Team				Start	HP		2B	RF
Visiting Team				End	1B		3B	LF

#	Players	POS	1	2	3	4	5	6	7	8	9	AB	R	RBI

	Inning	1	2	3	4	5	6	7	8	9	10	11
S U M S	Runs											
	Hits											
	Errors											
	Left on base											

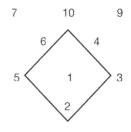

#	Pitchers	W/L/S	IP	H	R	ER	BB	SO	HB	BK	TBF

#	Catchers	PB

Pitching Nine Grid

Game Date ___/___/___		Final Score		Time		Referee		
Home Team				Start		HP	2B	RF
Visiting Team				End		1B	3B	LF

#	Players	POS	1	2	3	4	5	6	7	8	9	AB	R	RBI

	Inning	1	2	3	4	5	6	7	8	9	10	11
S U M S	Runs											
	Hits											
	Errors											
	Left on base											

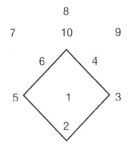

#	Pitchers	W/L/S	IP	H	R	ER	BB	SO	HB	BK	TBF

#	Catchers	PB

Pitching Nine Grid

Baseball Scorecard

Game Date ___/___/_____	Final Score	Time	Referee			
Home Team		Start	HP	2B		RF
Visiting Team		End	1B	3B		LF

#	Players	POS	1	2	3	4	5	6	7	8	9	AB	R	RBI

	Inning	1	2	3	4	5	6	7	8	9	10	11
S U M S	Runs											
	Hits											
	Errors											
	Left on base											

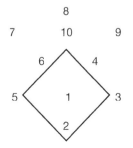

#	Pitchers	W/L/S	IP	H	R	ER	BB	SO	HB	BK	TBF

#	Catchers	PB

Pitching Nine Grid

Game Date ___/___/_____		Final Score		Time		Referee		
Home Team				Start	HP		2B	RF
Visiting Team				End	1B		3B	LF

#	Players	POS	1	2	3	4	5	6	7	8	9	AB	R	RBI

	Inning	1	2	3	4	5	6	7	8	9	10	11
S U M S	Runs											
	Hits											
	Errors											
	Left on base											

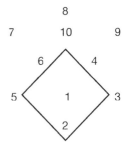

#	Pitchers	W/L/S	IP	H	R	ER	BB	SO	HB	BK	TBF		#	Catchers	PB

Pitching Nine Grid

Game Date ___/___/___		Final Score		Time		Referee		
Home Team				Start		HP	2B	RF
Visiting Team				End		1B	3B	LF

#	Players	POS	1	2	3	4	5	6	7	8	9	AB	R	RBI

		Inning	1	2	3	4	5	6	7	8	9	10	11
S U M S		Runs											
		Hits											
		Errors											
		Left on base											

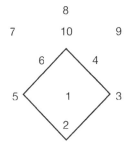

#	Pitchers	W/L/S	IP	H	R	ER	BB	SO	HB	BK	TBF

#	Catchers	PB

Pitching Nine Grid

Baseball Scorecard

Game Date ___/___/_____		Final Score		Time		Referee		
Home Team				Start		HP	2B	RF
Visiting Team				End		1B	3B	LF

#	Players	POS	1	2	3	4	5	6	7	8	9	AB	R	RBI

	Inning	1	2	3	4	5	6	7	8	9	10	11
S U M S	Runs											
	Hits											
	Errors											
	Left on base											

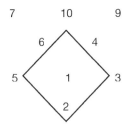

#	Pitchers	W/L/S	IP	H	R	ER	BB	SO	HB	BK	TBF		#	Catchers	PB

Pitching Nine Grid

Game Date ____/____/________		Final Score	Time	Referee		
Home Team			Start	HP	2B	RF
Visiting Team			End	1B	3B	LF

#	Players	POS	1	2	3	4	5	6	7	8	9	AB	R	RBI
			1B 2B 3B HR BB OUT	1B 2B 3B HR BB OUT	1B 2B 3B HR BB OUT	1B 2B 3B HR BB OUT	1B 2B 3B HR BB OUT	1B 2B 3B HR BB OUT	1B 2B 3B HR BB OUT	1B 2B 3B HR BB OUT	1B 2B 3B HR BB OUT			
			1B 2B 3B HR BB OUT	1B 2B 3B HR BB OUT	1B 2B 3B HR BB OUT	1B 2B 3B HR BB OUT	1B 2B 3B HR BB OUT	1B 2B 3B HR BB OUT	1B 2B 3B HR BB OUT	1B 2B 3B HR BB OUT	1B 2B 3B HR BB OUT			
			1B 2B 3B HR BB OUT	1B 2B 3B HR BB OUT	1B 2B 3B HR BB OUT	1B 2B 3B HR BB OUT	1B 2B 3B HR BB OUT	1B 2B 3B HR BB OUT	1B 2B 3B HR BB OUT	1B 2B 3B HR BB OUT	1B 2B 3B HR BB OUT			
			1B 2B 3B HR BB OUT	1B 2B 3B HR BB OUT	1B 2B 3B HR BB OUT	1B 2B 3B HR BB OUT	1B 2B 3B HR BB OUT	1B 2B 3B HR BB OUT	1B 2B 3B HR BB OUT	1B 2B 3B HR BB OUT	1B 2B 3B HR BB OUT			
			1B 2B 3B HR BB OUT	1B 2B 3B HR BB OUT	1B 2B 3B HR BB OUT	1B 2B 3B HR BB OUT	1B 2B 3B HR BB OUT	1B 2B 3B HR BB OUT	1B 2B 3B HR BB OUT	1B 2B 3B HR BB OUT	1B 2B 3B HR BB OUT			
			1B 2B 3B HR BB OUT	1B 2B 3B HR BB OUT	1B 2B 3B HR BB OUT	1B 2B 3B HR BB OUT	1B 2B 3B HR BB OUT	1B 2B 3B HR BB OUT	1B 2B 3B HR BB OUT	1B 2B 3B HR BB OUT	1B 2B 3B HR BB OUT			
			1B 2B 3B HR BB OUT	1B 2B 3B HR BB OUT	1B 2B 3B HR BB OUT	1B 2B 3B HR BB OUT	1B 2B 3B HR BB OUT	1B 2B 3B HR BB OUT	1B 2B 3B HR BB OUT	1B 2B 3B HR BB OUT	1B 2B 3B HR BB OUT			
			1B 2B 3B HR BB OUT	1B 2B 3B HR BB OUT	1B 2B 3B HR BB OUT	1B 2B 3B HR BB OUT	1B 2B 3B HR BB OUT	1B 2B 3B HR BB OUT	1B 2B 3B HR BB OUT	1B 2B 3B HR BB OUT	1B 2B 3B HR BB OUT			
			1B 2B 3B HR BB OUT	1B 2B 3B HR BB OUT	1B 2B 3B HR BB OUT	1B 2B 3B HR BB OUT	1B 2B 3B HR BB OUT	1B 2B 3B HR BB OUT	1B 2B 3B HR BB OUT	1B 2B 3B HR BB OUT	1B 2B 3B HR BB OUT			
			1B 2B 3B HR BB OUT	1B 2B 3B HR BB OUT	1B 2B 3B HR BB OUT	1B 2B 3B HR BB OUT	1B 2B 3B HR BB OUT	1B 2B 3B HR BB OUT	1B 2B 3B HR BB OUT	1B 2B 3B HR BB OUT	1B 2B 3B HR BB OUT			
			1B 2B 3B HR BB OUT	1B 2B 3B HR BB OUT	1B 2B 3B HR BB OUT	1B 2B 3B HR BB OUT	1B 2B 3B HR BB OUT	1B 2B 3B HR BB OUT	1B 2B 3B HR BB OUT	1B 2B 3B HR BB OUT	1B 2B 3B HR BB OUT			
			1B 2B 3B HR BB OUT	1B 2B 3B HR BB OUT	1B 2B 3B HR BB OUT	1B 2B 3B HR BB OUT	1B 2B 3B HR BB OUT	1B 2B 3B HR BB OUT	1B 2B 3B HR BB OUT	1B 2B 3B HR BB OUT	1B 2B 3B HR BB OUT			
			1B 2B 3B HR BB OUT	1B 2B 3B HR BB OUT	1B 2B 3B HR BB OUT	1B 2B 3B HR BB OUT	1B 2B 3B HR BB OUT	1B 2B 3B HR BB OUT	1B 2B 3B HR BB OUT	1B 2B 3B HR BB OUT	1B 2B 3B HR BB OUT			
			1B 2B 3B HR BB OUT	1B 2B 3B HR BB OUT	1B 2B 3B HR BB OUT	1B 2B 3B HR BB OUT	1B 2B 3B HR BB OUT	1B 2B 3B HR BB OUT	1B 2B 3B HR BB OUT	1B 2B 3B HR BB OUT	1B 2B 3B HR BB OUT			
			1B 2B 3B HR BB OUT	1B 2B 3B HR BB OUT	1B 2B 3B HR BB OUT	1B 2B 3B HR BB OUT	1B 2B 3B HR BB OUT	1B 2B 3B HR BB OUT	1B 2B 3B HR BB OUT	1B 2B 3B HR BB OUT	1B 2B 3B HR BB OUT			
			1B 2B 3B HR BB OUT	1B 2B 3B HR BB OUT	1B 2B 3B HR BB OUT	1B 2B 3B HR BB OUT	1B 2B 3B HR BB OUT	1B 2B 3B HR BB OUT	1B 2B 3B HR BB OUT	1B 2B 3B HR BB OUT	1B 2B 3B HR BB OUT			

SUMS	Inning	1	2	3	4	5	6	7	8	9	10	11
	Runs											
	Hits											
	Errors											
	Left on base											

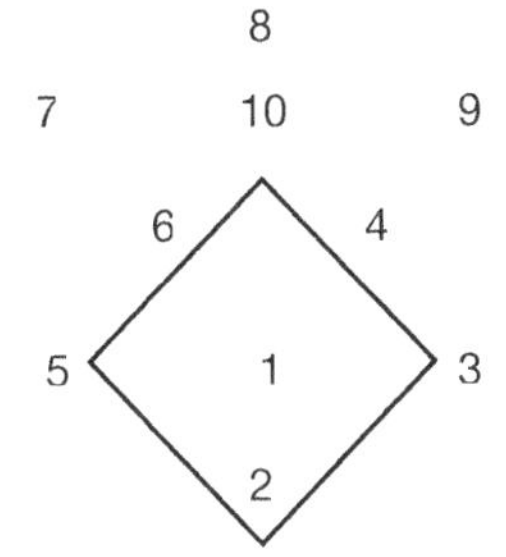

#	Pitchers	W/L/S	IP	H	R	ER	BB	SO	HB	BK	TBF

#	Catchers	PB

Pitching Nine Grid

Baseball Scorecard

Game Date ___/___/_____		Final Score	Time		Referee		
Home Team			Start	HP	2B	RF	
Visiting Team			End	1B	3B	LF	

#	Players	POS	1	2	3	4	5	6	7	8	9	AB	R	RBI

	Inning	1	2	3	4	5	6	7	8	9	10	11
S U M S	Runs											
	Hits											
	Errors											
	Left on base											

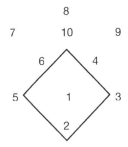

#	Pitchers	W/L/S	IP	H	R	ER	BB	SO	HB	BK	TBF

#	Catchers	PB

Pitching Nine Grid

Game Date ___/___/_____		Final Score		Time		Referee		
Home Team				Start		HP	2B	RF
Visiting Team				End		1B	3B	LF

#	Players	POS	1	2	3	4	5	6	7	8	9	AB	R	RBI

		Inning	1	2	3	4	5	6	7	8	9	10	11
S U M S		Runs											
		Hits											
		Errors											
		Left on base											

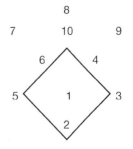

#	Pitchers	W/L/S	IP	H	R	ER	BB	SO	HB	BK	TBF

#	Catchers	PB

Pitching Nine Grid

Game Date ___/___/_____		Final Score		Time		Referee		
Home Team				Start	HP	2B	RF	
Visiting Team				End	1B	3B	LF	

#	Players	POS	1	2	3	4	5	6	7	8	9	AB	R	RBI

	Inning	1	2	3	4	5	6	7	8	9	10	11
S U M S	Runs											
	Hits											
	Errors											
	Left on base											

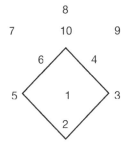

#	Pitchers	W/L/S	IP	H	R	ER	BB	SO	HB	BK	TBF

#	Catchers	PB

Pitching Nine Grid

Game Date ___/___/___		Final Score		Time		Referee		
Home Team				Start	HP		2B	RF
Visiting Team				End	1B		3B	LF

#	Players	POS	1	2	3	4	5	6	7	8	9	AB	R	RBI

	Inning	1	2	3	4	5	6	7	8	9	10	11
S U M S	Runs											
	Hits											
	Errors											
	Left on base											

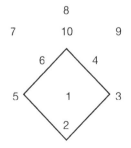

#	Pitchers	W/L/S	IP	H	R	ER	BB	SO	HB	BK	TBF

#	Catchers	PB

Pitching Nine Grid

Game Date ___/___/_____		Final Score		Time		Referee		
Home Team				Start	HP		2B	RF
Visiting Team				End	1B		3B	LF

#	Players	POS	1	2	3	4	5	6	7	8	9	AB	R	RBI

	Inning	1	2	3	4	5	6	7	8	9	10	11
S U M S	Runs											
	Hits											
	Errors											
	Left on base											

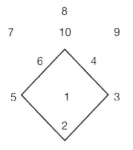

#	Pitchers	W/L/S	IP	H	R	ER	BB	SO	HB	BK	TBF

#	Catchers	PB

Pitching Nine Grid

Game Date ____/____/________		Final Score	Time	Referee		
Home Team			Start	HP	2B	RF
Visiting Team			End	1B	3B	LF

#	Players	POS	1	2	3	4	5	6	7	8	9	AB	R	RBI
			1B 2B 3B HR BB OUT	1B 2B 3B HR BB OUT	1B 2B 3B HR BB OUT	1B 2B 3B HR BB OUT	1B 2B 3B HR BB OUT	1B 2B 3B HR BB OUT	1B 2B 3B HR BB OUT	1B 2B 3B HR BB OUT	1B 2B 3B HR BB OUT			
			1B 2B 3B HR BB OUT	1B 2B 3B HR BB OUT	1B 2B 3B HR BB OUT	1B 2B 3B HR BB OUT	1B 2B 3B HR BB OUT	1B 2B 3B HR BB OUT	1B 2B 3B HR BB OUT	1B 2B 3B HR BB OUT	1B 2B 3B HR BB OUT			
			1B 2B 3B HR BB OUT	1B 2B 3B HR BB OUT	1B 2B 3B HR BB OUT	1B 2B 3B HR BB OUT	1B 2B 3B HR BB OUT	1B 2B 3B HR BB OUT	1B 2B 3B HR BB OUT	1B 2B 3B HR BB OUT	1B 2B 3B HR BB OUT			
			1B 2B 3B HR BB OUT	1B 2B 3B HR BB OUT	1B 2B 3B HR BB OUT	1B 2B 3B HR BB OUT	1B 2B 3B HR BB OUT	1B 2B 3B HR BB OUT	1B 2B 3B HR BB OUT	1B 2B 3B HR BB OUT	1B 2B 3B HR BB OUT			
			1B 2B 3B HR BB OUT	1B 2B 3B HR BB OUT	1B 2B 3B HR BB OUT	1B 2B 3B HR BB OUT	1B 2B 3B HR BB OUT	1B 2B 3B HR BB OUT	1B 2B 3B HR BB OUT	1B 2B 3B HR BB OUT	1B 2B 3B HR BB OUT			
			1B 2B 3B HR BB OUT	1B 2B 3B HR BB OUT	1B 2B 3B HR BB OUT	1B 2B 3B HR BB OUT	1B 2B 3B HR BB OUT	1B 2B 3B HR BB OUT	1B 2B 3B HR BB OUT	1B 2B 3B HR BB OUT	1B 2B 3B HR BB OUT			
			1B 2B 3B HR BB OUT	1B 2B 3B HR BB OUT	1B 2B 3B HR BB OUT	1B 2B 3B HR BB OUT	1B 2B 3B HR BB OUT	1B 2B 3B HR BB OUT	1B 2B 3B HR BB OUT	1B 2B 3B HR BB OUT	1B 2B 3B HR BB OUT			
			1B 2B 3B HR BB OUT	1B 2B 3B HR BB OUT	1B 2B 3B HR BB OUT	1B 2B 3B HR BB OUT	1B 2B 3B HR BB OUT	1B 2B 3B HR BB OUT	1B 2B 3B HR BB OUT	1B 2B 3B HR BB OUT	1B 2B 3B HR BB OUT			
			1B 2B 3B HR BB OUT	1B 2B 3B HR BB OUT	1B 2B 3B HR BB OUT	1B 2B 3B HR BB OUT	1B 2B 3B HR BB OUT	1B 2B 3B HR BB OUT	1B 2B 3B HR BB OUT	1B 2B 3B HR BB OUT	1B 2B 3B HR BB OUT			
			1B 2B 3B HR BB OUT	1B 2B 3B HR BB OUT	1B 2B 3B HR BB OUT	1B 2B 3B HR BB OUT	1B 2B 3B HR BB OUT	1B 2B 3B HR BB OUT	1B 2B 3B HR BB OUT	1B 2B 3B HR BB OUT	1B 2B 3B HR BB OUT			
			1B 2B 3B HR BB OUT	1B 2B 3B HR BB OUT	1B 2B 3B HR BB OUT	1B 2B 3B HR BB OUT	1B 2B 3B HR BB OUT	1B 2B 3B HR BB OUT	1B 2B 3B HR BB OUT	1B 2B 3B HR BB OUT	1B 2B 3B HR BB OUT			
			1B 2B 3B HR BB OUT	1B 2B 3B HR BB OUT	1B 2B 3B HR BB OUT	1B 2B 3B HR BB OUT	1B 2B 3B HR BB OUT	1B 2B 3B HR BB OUT	1B 2B 3B HR BB OUT	1B 2B 3B HR BB OUT	1B 2B 3B HR BB OUT			
			1B 2B 3B HR BB OUT	1B 2B 3B HR BB OUT	1B 2B 3B HR BB OUT	1B 2B 3B HR BB OUT	1B 2B 3B HR BB OUT	1B 2B 3B HR BB OUT	1B 2B 3B HR BB OUT	1B 2B 3B HR BB OUT	1B 2B 3B HR BB OUT			
			1B 2B 3B HR BB OUT	1B 2B 3B HR BB OUT	1B 2B 3B HR BB OUT	1B 2B 3B HR BB OUT	1B 2B 3B HR BB OUT	1B 2B 3B HR BB OUT	1B 2B 3B HR BB OUT	1B 2B 3B HR BB OUT	1B 2B 3B HR BB OUT			
			1B 2B 3B HR BB OUT	1B 2B 3B HR BB OUT	1B 2B 3B HR BB OUT	1B 2B 3B HR BB OUT	1B 2B 3B HR BB OUT	1B 2B 3B HR BB OUT	1B 2B 3B HR BB OUT	1B 2B 3B HR BB OUT	1B 2B 3B HR BB OUT			
			1B 2B 3B HR BB OUT	1B 2B 3B HR BB OUT	1B 2B 3B HR BB OUT	1B 2B 3B HR BB OUT	1B 2B 3B HR BB OUT	1B 2B 3B HR BB OUT	1B 2B 3B HR BB OUT	1B 2B 3B HR BB OUT	1B 2B 3B HR BB OUT			

SUMS	Inning	1	2	3	4	5	6	7	8	9	10	11
	Runs											
	Hits											
	Errors											
	Left on base											

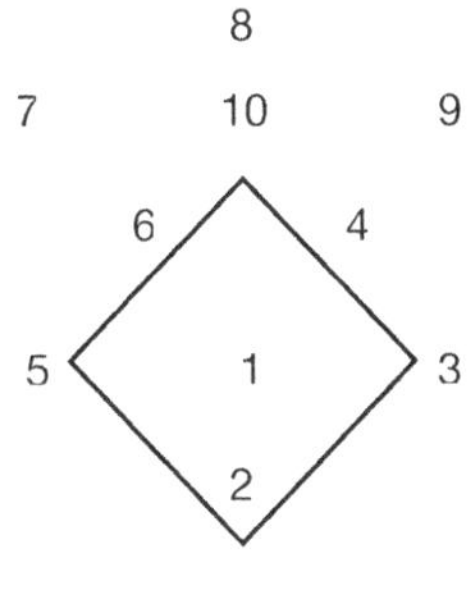

#	Pitchers	W/L/S	IP	H	R	ER	BB	SO	HB	BK	TBF

#	Catchers	PB

Pitching Nine Grid

Game Date ___/___/_____		Final Score		Time		Referee		
Home Team				Start	HP	2B		RF
Visiting Team				End	1B	3B		LF

#	Players	POS	1	2	3	4	5	6	7	8	9	AB	R	RBI

	Inning	1	2	3	4	5	6	7	8	9	10	11
S U M S	Runs											
	Hits											
	Errors											
	Left on base											

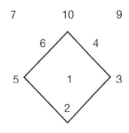

#	Pitchers	W/L/S	IP	H	R	ER	BB	SO	HB	BK	TBF

#	Catchers	PB

Pitching Nine Grid

Game Date ______/______/______________		Final Score	Time	Referee		
Home Team			Start	HP	2B	RF
Visiting Team			End	1B	3B	LF

#	Players	POS	1	2	3	4	5	6	7	8	9	AB	R	RBI
			1B 2B 3B HR BB OUT	1B 2B 3B HR BB OUT	1B 2B 3B HR BB OUT	1B 2B 3B HR BB OUT	1B 2B 3B HR BB OUT	1B 2B 3B HR BB OUT	1B 2B 3B HR BB OUT	1B 2B 3B HR BB OUT	1B 2B 3B HR BB OUT			
			1B 2B 3B HR BB OUT	1B 2B 3B HR BB OUT	1B 2B 3B HR BB OUT	1B 2B 3B HR BB OUT	1B 2B 3B HR BB OUT	1B 2B 3B HR BB OUT	1B 2B 3B HR BB OUT	1B 2B 3B HR BB OUT	1B 2B 3B HR BB OUT			
			1B 2B 3B HR BB OUT	1B 2B 3B HR BB OUT	1B 2B 3B HR BB OUT	1B 2B 3B HR BB OUT	1B 2B 3B HR BB OUT	1B 2B 3B HR BB OUT	1B 2B 3B HR BB OUT	1B 2B 3B HR BB OUT	1B 2B 3B HR BB OUT			
			1B 2B 3B HR BB OUT	1B 2B 3B HR BB OUT	1B 2B 3B HR BB OUT	1B 2B 3B HR BB OUT	1B 2B 3B HR BB OUT	1B 2B 3B HR BB OUT	1B 2B 3B HR BB OUT	1B 2B 3B HR BB OUT	1B 2B 3B HR BB OUT			
			1B 2B 3B HR BB OUT	1B 2B 3B HR BB OUT	1B 2B 3B HR BB OUT	1B 2B 3B HR BB OUT	1B 2B 3B HR BB OUT	1B 2B 3B HR BB OUT	1B 2B 3B HR BB OUT	1B 2B 3B HR BB OUT	1B 2B 3B HR BB OUT			
			1B 2B 3B HR BB OUT	1B 2B 3B HR BB OUT	1B 2B 3B HR BB OUT	1B 2B 3B HR BB OUT	1B 2B 3B HR BB OUT	1B 2B 3B HR BB OUT	1B 2B 3B HR BB OUT	1B 2B 3B HR BB OUT	1B 2B 3B HR BB OUT			
			1B 2B 3B HR BB OUT	1B 2B 3B HR BB OUT	1B 2B 3B HR BB OUT	1B 2B 3B HR BB OUT	1B 2B 3B HR BB OUT	1B 2B 3B HR BB OUT	1B 2B 3B HR BB OUT	1B 2B 3B HR BB OUT	1B 2B 3B HR BB OUT			
			1B 2B 3B HR BB OUT	1B 2B 3B HR BB OUT	1B 2B 3B HR BB OUT	1B 2B 3B HR BB OUT	1B 2B 3B HR BB OUT	1B 2B 3B HR BB OUT	1B 2B 3B HR BB OUT	1B 2B 3B HR BB OUT	1B 2B 3B HR BB OUT			
			1B 2B 3B HR BB OUT	1B 2B 3B HR BB OUT	1B 2B 3B HR BB OUT	1B 2B 3B HR BB OUT	1B 2B 3B HR BB OUT	1B 2B 3B HR BB OUT	1B 2B 3B HR BB OUT	1B 2B 3B HR BB OUT	1B 2B 3B HR BB OUT			
			1B 2B 3B HR BB OUT	1B 2B 3B HR BB OUT	1B 2B 3B HR BB OUT	1B 2B 3B HR BB OUT	1B 2B 3B HR BB OUT	1B 2B 3B HR BB OUT	1B 2B 3B HR BB OUT	1B 2B 3B HR BB OUT	1B 2B 3B HR BB OUT			
			1B 2B 3B HR BB OUT	1B 2B 3B HR BB OUT	1B 2B 3B HR BB OUT	1B 2B 3B HR BB OUT	1B 2B 3B HR BB OUT	1B 2B 3B HR BB OUT	1B 2B 3B HR BB OUT	1B 2B 3B HR BB OUT	1B 2B 3B HR BB OUT			
			1B 2B 3B HR BB OUT	1B 2B 3B HR BB OUT	1B 2B 3B HR BB OUT	1B 2B 3B HR BB OUT	1B 2B 3B HR BB OUT	1B 2B 3B HR BB OUT	1B 2B 3B HR BB OUT	1B 2B 3B HR BB OUT	1B 2B 3B HR BB OUT			
			1B 2B 3B HR BB OUT	1B 2B 3B HR BB OUT	1B 2B 3B HR BB OUT	1B 2B 3B HR BB OUT	1B 2B 3B HR BB OUT	1B 2B 3B HR BB OUT	1B 2B 3B HR BB OUT	1B 2B 3B HR BB OUT	1B 2B 3B HR BB OUT			
			1B 2B 3B HR BB OUT	1B 2B 3B HR BB OUT	1B 2B 3B HR BB OUT	1B 2B 3B HR BB OUT	1B 2B 3B HR BB OUT	1B 2B 3B HR BB OUT	1B 2B 3B HR BB OUT	1B 2B 3B HR BB OUT	1B 2B 3B HR BB OUT			
			1B 2B 3B HR BB OUT	1B 2B 3B HR BB OUT	1B 2B 3B HR BB OUT	1B 2B 3B HR BB OUT	1B 2B 3B HR BB OUT	1B 2B 3B HR BB OUT	1B 2B 3B HR BB OUT	1B 2B 3B HR BB OUT	1B 2B 3B HR BB OUT			
			1B 2B 3B HR BB OUT	1B 2B 3B HR BB OUT	1B 2B 3B HR BB OUT	1B 2B 3B HR BB OUT	1B 2B 3B HR BB OUT	1B 2B 3B HR BB OUT	1B 2B 3B HR BB OUT	1B 2B 3B HR BB OUT	1B 2B 3B HR BB OUT			

	Inning	1	2	3	4	5	6	7	8	9	10	11
SUMS	Runs											
	Hits											
	Errors											
	Left on base											

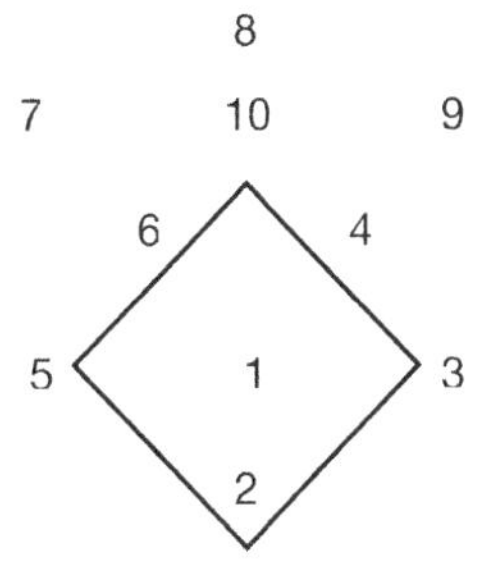

#	Pitchers	W/L/S	IP	H	R	ER	BB	SO	HB	BK	TBF

#	Catchers	PB

Pitching Nine Grid

Game Date ____/____/________		Final Score	Time	Referee		
Home Team			Start	HP	2B	RF
Visiting Team			End	1B	3B	LF

#	Players	POS	1	2	3	4	5	6	7	8	9	AB	R	RBI
			1B 2B 3B HR BB OUT	1B 2B 3B HR BB OUT	1B 2B 3B HR BB OUT	1B 2B 3B HR BB OUT	1B 2B 3B HR BB OUT	1B 2B 3B HR BB OUT	1B 2B 3B HR BB OUT	1B 2B 3B HR BB OUT	1B 2B 3B HR BB OUT			
			1B 2B 3B HR BB OUT	1B 2B 3B HR BB OUT	1B 2B 3B HR BB OUT	1B 2B 3B HR BB OUT	1B 2B 3B HR BB OUT	1B 2B 3B HR BB OUT	1B 2B 3B HR BB OUT	1B 2B 3B HR BB OUT	1B 2B 3B HR BB OUT			
			1B 2B 3B HR BB OUT	1B 2B 3B HR BB OUT	1B 2B 3B HR BB OUT	1B 2B 3B HR BB OUT	1B 2B 3B HR BB OUT	1B 2B 3B HR BB OUT	1B 2B 3B HR BB OUT	1B 2B 3B HR BB OUT	1B 2B 3B HR BB OUT			
			1B 2B 3B HR BB OUT	1B 2B 3B HR BB OUT	1B 2B 3B HR BB OUT	1B 2B 3B HR BB OUT	1B 2B 3B HR BB OUT	1B 2B 3B HR BB OUT	1B 2B 3B HR BB OUT	1B 2B 3B HR BB OUT	1B 2B 3B HR BB OUT			
			1B 2B 3B HR BB OUT	1B 2B 3B HR BB OUT	1B 2B 3B HR BB OUT	1B 2B 3B HR BB OUT	1B 2B 3B HR BB OUT	1B 2B 3B HR BB OUT	1B 2B 3B HR BB OUT	1B 2B 3B HR BB OUT	1B 2B 3B HR BB OUT			
			1B 2B 3B HR BB OUT	1B 2B 3B HR BB OUT	1B 2B 3B HR BB OUT	1B 2B 3B HR BB OUT	1B 2B 3B HR BB OUT	1B 2B 3B HR BB OUT	1B 2B 3B HR BB OUT	1B 2B 3B HR BB OUT	1B 2B 3B HR BB OUT			
			1B 2B 3B HR BB OUT	1B 2B 3B HR BB OUT	1B 2B 3B HR BB OUT	1B 2B 3B HR BB OUT	1B 2B 3B HR BB OUT	1B 2B 3B HR BB OUT	1B 2B 3B HR BB OUT	1B 2B 3B HR BB OUT	1B 2B 3B HR BB OUT			
			1B 2B 3B HR BB OUT	1B 2B 3B HR BB OUT	1B 2B 3B HR BB OUT	1B 2B 3B HR BB OUT	1B 2B 3B HR BB OUT	1B 2B 3B HR BB OUT	1B 2B 3B HR BB OUT	1B 2B 3B HR BB OUT	1B 2B 3B HR BB OUT			
			1B 2B 3B HR BB OUT	1B 2B 3B HR BB OUT	1B 2B 3B HR BB OUT	1B 2B 3B HR BB OUT	1B 2B 3B HR BB OUT	1B 2B 3B HR BB OUT	1B 2B 3B HR BB OUT	1B 2B 3B HR BB OUT	1B 2B 3B HR BB OUT			
			1B 2B 3B HR BB OUT	1B 2B 3B HR BB OUT	1B 2B 3B HR BB OUT	1B 2B 3B HR BB OUT	1B 2B 3B HR BB OUT	1B 2B 3B HR BB OUT	1B 2B 3B HR BB OUT	1B 2B 3B HR BB OUT	1B 2B 3B HR BB OUT			
			1B 2B 3B HR BB OUT	1B 2B 3B HR BB OUT	1B 2B 3B HR BB OUT	1B 2B 3B HR BB OUT	1B 2B 3B HR BB OUT	1B 2B 3B HR BB OUT	1B 2B 3B HR BB OUT	1B 2B 3B HR BB OUT	1B 2B 3B HR BB OUT			
			1B 2B 3B HR BB OUT	1B 2B 3B HR BB OUT	1B 2B 3B HR BB OUT	1B 2B 3B HR BB OUT	1B 2B 3B HR BB OUT	1B 2B 3B HR BB OUT	1B 2B 3B HR BB OUT	1B 2B 3B HR BB OUT	1B 2B 3B HR BB OUT			
			1B 2B 3B HR BB OUT	1B 2B 3B HR BB OUT	1B 2B 3B HR BB OUT	1B 2B 3B HR BB OUT	1B 2B 3B HR BB OUT	1B 2B 3B HR BB OUT	1B 2B 3B HR BB OUT	1B 2B 3B HR BB OUT	1B 2B 3B HR BB OUT			
			1B 2B 3B HR BB OUT	1B 2B 3B HR BB OUT	1B 2B 3B HR BB OUT	1B 2B 3B HR BB OUT	1B 2B 3B HR BB OUT	1B 2B 3B HR BB OUT	1B 2B 3B HR BB OUT	1B 2B 3B HR BB OUT	1B 2B 3B HR BB OUT			
			1B 2B 3B HR BB OUT	1B 2B 3B HR BB OUT	1B 2B 3B HR BB OUT	1B 2B 3B HR BB OUT	1B 2B 3B HR BB OUT	1B 2B 3B HR BB OUT	1B 2B 3B HR BB OUT	1B 2B 3B HR BB OUT	1B 2B 3B HR BB OUT			
			1B 2B 3B HR BB OUT	1B 2B 3B HR BB OUT	1B 2B 3B HR BB OUT	1B 2B 3B HR BB OUT	1B 2B 3B HR BB OUT	1B 2B 3B HR BB OUT	1B 2B 3B HR BB OUT	1B 2B 3B HR BB OUT	1B 2B 3B HR BB OUT			

SUMS	Inning	1	2	3	4	5	6	7	8	9	10	11
	Runs											
	Hits											
	Errors											
	Left on base											

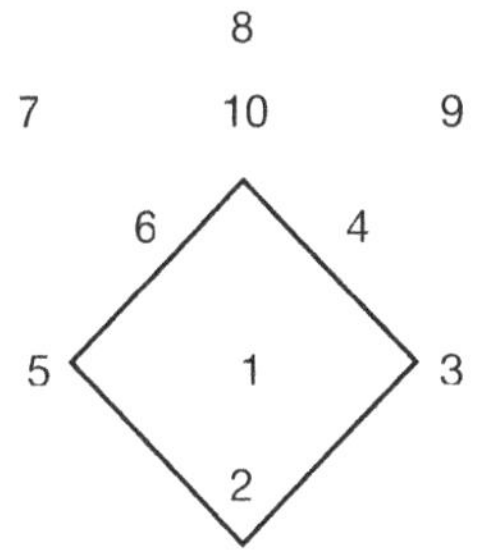

#	Pitchers	W/L/S	IP	H	R	ER	BB	SO	HB	BK	TBF

#	Catchers	PB

Pitching Nine Grid

Game Date ___/___/___		Final Score		Time		Referee		
Home Team				Start		HP	2B	RF
Visiting Team				End		1B	3B	LF

#	Players	POS	1	2	3	4	5	6	7	8	9	AB	R	RBI

	Inning	1	2	3	4	5	6	7	8	9	10	11
S U M S	Runs											
	Hits											
	Errors											
	Left on base											

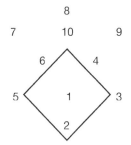

#	Pitchers	W/L/S	IP	H	R	ER	BB	SO	HB	BK	TBF

#	Catchers	PB

Pitching Nine Grid

Game Date ___/___/_____		Final Score		Time		Referee		
Home Team				Start		HP	2B	RF
Visiting Team				End		1B	3B	LF

#	Players	POS	1	2	3	4	5	6	7	8	9	AB	R	RBI

	Inning	1	2	3	4	5	6	7	8	9	10	11
S U M S	Runs											
	Hits											
	Errors											
	Left on base											

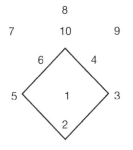

#	Pitchers	W/L/S	IP	H	R	ER	BB	SO	HB	BK	TBF

#	Catchers	PB

Pitching Nine Grid

Game Date ___/___/___		Final Score		Time		Referee		
Home Team				Start		HP	2B	RF
Visiting Team				End		1B	3B	LF

#	Players	POS	1	2	3	4	5	6	7	8	9	AB	R	RBI

	Inning	1	2	3	4	5	6	7	8	9	10	11
S U M S	Runs											
	Hits											
	Errors											
	Left on base											

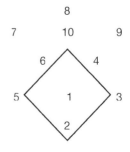

#	Pitchers	W/L/S	IP	H	R	ER	BB	SO	HB	BK	TBF

#	Catchers	PB

Pitching Nine Grid

Game Date ___/___/_____		Final Score		Time		Referee		
Home Team				Start		HP	2B	RF
Visiting Team				End		1B	3B	LF

#	Players	POS	1	2	3	4	5	6	7	8	9	AB	R	RBI

	Inning	1	2	3	4	5	6	7	8	9	10	11
S U M S	Runs											
	Hits											
	Errors											
	Left on base											

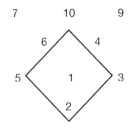

#	Pitchers	W/L/S	IP	H	R	ER	BB	SO	HB	BK	TBF

#	Catchers	PB

Pitching Nine Grid

Game Date ___/___/_____		Final Score		Time		Referee		
Home Team				Start		HP	2B	RF
Visiting Team				End		1B	3B	LF

#	Players	POS	1	2	3	4	5	6	7	8	9	AB	R	RBI

		Inning	1	2	3	4	5	6	7	8	9	10	11
S		Runs											
U		Hits											
M		Errors											
S		Left on base											

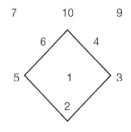

#	Pitchers	W/L/S	IP	H	R	ER	BB	SO	HB	BK	TBF

#	Catchers	PB

Pitching Nine Grid

Baseball Scorecard

Game Date ___/___/_____		Final Score		Time		Referee		
Home Team				Start		HP	2B	RF
Visiting Team				End		1B	3B	LF

#	Players	POS	1	2	3	4	5	6	7	8	9	AB	R	RBI

	Inning	1	2	3	4	5	6	7	8	9	10	11
S U M S	Runs											
	Hits											
	Errors											
	Left on base											

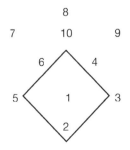

#	Pitchers	W/L/S	IP	H	R	ER	BB	SO	HB	BK	TBF		#	Catchers	PB

Pitching Nine Grid

Baseball Scorecard

Game Date ___/___/_____		Final Score		Time		Referee		
Home Team				Start		HP	2B	RF
Visiting Team				End		1B	3B	LF

#	Players	POS	1	2	3	4	5	6	7	8	9	AB	R	RBI

	Inning	1	2	3	4	5	6	7	8	9	10	11
S U M S	Runs											
	Hits											
	Errors											
	Left on base											

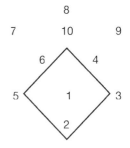

#	Pitchers	W/L/S	IP	H	R	ER	BB	SO	HB	BK	TBF

#	Catchers	PB

Pitching Nine Grid

Game Date ___/___/___		Final Score		Time		Referee		
Home Team				Start		HP	2B	RF
Visiting Team				End		1B	3B	LF

#	Players	POS	1	2	3	4	5	6	7	8	9	AB	R	RBI

	Inning	1	2	3	4	5	6	7	8	9	10	11
S U M S	Runs											
	Hits											
	Errors											
	Left on base											

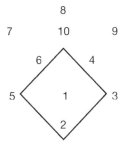

#	Pitchers	W/L/S	IP	H	R	ER	BB	SO	HB	BK	TBF

#	Catchers	PB

Pitching Nine Grid

Baseball Scorecard

Game Date ___/___/_____		Final Score		Time		Referee		
Home Team				Start		HP	2B	RF
Visiting Team				End		1B	3B	LF

#	Players	POS	1	2	3	4	5	6	7	8	9	AB	R	RBI

Each cell contains: 1B 2B 3B HR BB with a diamond and OUT marker.

	Inning	1	2	3	4	5	6	7	8	9	10	11
S U M S	Runs											
	Hits											
	Errors											
	Left on base											

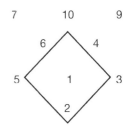

#	Pitchers	W/L/S	IP	H	R	ER	BB	SO	HB	BK	TBF

#	Catchers	PB

Pitching Nine Grid

Game Date ___/___/___		Final Score		Time		Referee		
Home Team				Start	HP	2B		RF
Visiting Team				End	1B	3B		LF

#	Players	POS	1	2	3	4	5	6	7	8	9	AB	R	RBI

	Inning	1	2	3	4	5	6	7	8	9	10	11
S U M S	Runs											
	Hits											
	Errors											
	Left on base											

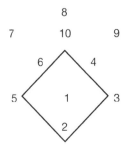

#	Pitchers	W/L/S	IP	H	R	ER	BB	SO	HB	BK	TBF

#	Catchers	PB

Pitching Nine Grid

Game Date ___/___/_____		Final Score		Time		Referee		
Home Team				Start	HP		2B	RF
Visiting Team				End	1B		3B	LF

#	Players	POS	1	2	3	4	5	6	7	8	9	AB	R	RBI

	Inning	1	2	3	4	5	6	7	8	9	10	11
S U M S	Runs											
	Hits											
	Errors											
	Left on base											

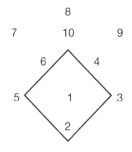

#	Pitchers	W/L/S	IP	H	R	ER	BB	SO	HB	BK	TBF

#	Catchers	PB

Pitching Nine Grid

Game Date ___/___/_____		Final Score		Time		Referee		
Home Team				Start	HP	2B		RF
Visiting Team				End	1B	3B		LF

#	Players	POS	1	2	3	4	5	6	7	8	9	AB	R	RBI

	Inning	1	2	3	4	5	6	7	8	9	10	11
S U M S	Runs											
	Hits											
	Errors											
	Left on base											

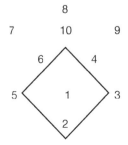

#	Pitchers	W/L/S	IP	H	R	ER	BB	SO	HB	BK	TBF

#	Catchers	PB

Pitching Nine Grid

Game Date ____/____/________		Final Score	Time	Referee		
Home Team			Start	HP	2B	RF
Visiting Team			End	1B	3B	LF

#	Players	POS	1	2	3	4	5	6	7	8	9	AB	R	RBI
			1B 2B 3B HR BB OUT	1B 2B 3B HR BB OUT	1B 2B 3B HR BB OUT	1B 2B 3B HR BB OUT	1B 2B 3B HR BB OUT	1B 2B 3B HR BB OUT	1B 2B 3B HR BB OUT	1B 2B 3B HR BB OUT	1B 2B 3B HR BB OUT			
			1B 2B 3B HR BB OUT	1B 2B 3B HR BB OUT	1B 2B 3B HR BB OUT	1B 2B 3B HR BB OUT	1B 2B 3B HR BB OUT	1B 2B 3B HR BB OUT	1B 2B 3B HR BB OUT	1B 2B 3B HR BB OUT	1B 2B 3B HR BB OUT			
			1B 2B 3B HR BB OUT	1B 2B 3B HR BB OUT	1B 2B 3B HR BB OUT	1B 2B 3B HR BB OUT	1B 2B 3B HR BB OUT	1B 2B 3B HR BB OUT	1B 2B 3B HR BB OUT	1B 2B 3B HR BB OUT	1B 2B 3B HR BB OUT			
			1B 2B 3B HR BB OUT	1B 2B 3B HR BB OUT	1B 2B 3B HR BB OUT	1B 2B 3B HR BB OUT	1B 2B 3B HR BB OUT	1B 2B 3B HR BB OUT	1B 2B 3B HR BB OUT	1B 2B 3B HR BB OUT	1B 2B 3B HR BB OUT			
			1B 2B 3B HR BB OUT	1B 2B 3B HR BB OUT	1B 2B 3B HR BB OUT	1B 2B 3B HR BB OUT	1B 2B 3B HR BB OUT	1B 2B 3B HR BB OUT	1B 2B 3B HR BB OUT	1B 2B 3B HR BB OUT	1B 2B 3B HR BB OUT			
			1B 2B 3B HR BB OUT	1B 2B 3B HR BB OUT	1B 2B 3B HR BB OUT	1B 2B 3B HR BB OUT	1B 2B 3B HR BB OUT	1B 2B 3B HR BB OUT	1B 2B 3B HR BB OUT	1B 2B 3B HR BB OUT	1B 2B 3B HR BB OUT			
			1B 2B 3B HR BB OUT	1B 2B 3B HR BB OUT	1B 2B 3B HR BB OUT	1B 2B 3B HR BB OUT	1B 2B 3B HR BB OUT	1B 2B 3B HR BB OUT	1B 2B 3B HR BB OUT	1B 2B 3B HR BB OUT	1B 2B 3B HR BB OUT			
			1B 2B 3B HR BB OUT	1B 2B 3B HR BB OUT	1B 2B 3B HR BB OUT	1B 2B 3B HR BB OUT	1B 2B 3B HR BB OUT	1B 2B 3B HR BB OUT	1B 2B 3B HR BB OUT	1B 2B 3B HR BB OUT	1B 2B 3B HR BB OUT			
			1B 2B 3B HR BB OUT	1B 2B 3B HR BB OUT	1B 2B 3B HR BB OUT	1B 2B 3B HR BB OUT	1B 2B 3B HR BB OUT	1B 2B 3B HR BB OUT	1B 2B 3B HR BB OUT	1B 2B 3B HR BB OUT	1B 2B 3B HR BB OUT			
			1B 2B 3B HR BB OUT	1B 2B 3B HR BB OUT	1B 2B 3B HR BB OUT	1B 2B 3B HR BB OUT	1B 2B 3B HR BB OUT	1B 2B 3B HR BB OUT	1B 2B 3B HR BB OUT	1B 2B 3B HR BB OUT	1B 2B 3B HR BB OUT			
			1B 2B 3B HR BB OUT	1B 2B 3B HR BB OUT	1B 2B 3B HR BB OUT	1B 2B 3B HR BB OUT	1B 2B 3B HR BB OUT	1B 2B 3B HR BB OUT	1B 2B 3B HR BB OUT	1B 2B 3B HR BB OUT	1B 2B 3B HR BB OUT			
			1B 2B 3B HR BB OUT	1B 2B 3B HR BB OUT	1B 2B 3B HR BB OUT	1B 2B 3B HR BB OUT	1B 2B 3B HR BB OUT	1B 2B 3B HR BB OUT	1B 2B 3B HR BB OUT	1B 2B 3B HR BB OUT	1B 2B 3B HR BB OUT			
			1B 2B 3B HR BB OUT	1B 2B 3B HR BB OUT	1B 2B 3B HR BB OUT	1B 2B 3B HR BB OUT	1B 2B 3B HR BB OUT	1B 2B 3B HR BB OUT	1B 2B 3B HR BB OUT	1B 2B 3B HR BB OUT	1B 2B 3B HR BB OUT			
			1B 2B 3B HR BB OUT	1B 2B 3B HR BB OUT	1B 2B 3B HR BB OUT	1B 2B 3B HR BB OUT	1B 2B 3B HR BB OUT	1B 2B 3B HR BB OUT	1B 2B 3B HR BB OUT	1B 2B 3B HR BB OUT	1B 2B 3B HR BB OUT			
			1B 2B 3B HR BB OUT	1B 2B 3B HR BB OUT	1B 2B 3B HR BB OUT	1B 2B 3B HR BB OUT	1B 2B 3B HR BB OUT	1B 2B 3B HR BB OUT	1B 2B 3B HR BB OUT	1B 2B 3B HR BB OUT	1B 2B 3B HR BB OUT			
			1B 2B 3B HR BB OUT	1B 2B 3B HR BB OUT	1B 2B 3B HR BB OUT	1B 2B 3B HR BB OUT	1B 2B 3B HR BB OUT	1B 2B 3B HR BB OUT	1B 2B 3B HR BB OUT	1B 2B 3B HR BB OUT	1B 2B 3B HR BB OUT			

	Inning	1	2	3	4	5	6	7	8	9	10	11
S	Runs											
U	Hits											
M S	Errors											
	Left on base											

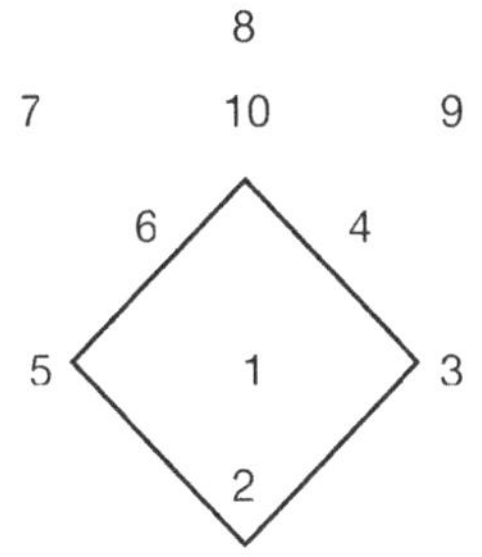

#	Pitchers	W/L/S	IP	H	R	ER	BB	SO	HB	BK	TBF

#	Catchers	PB

Pitching Nine Grid

Game Date ___/___/_____		Final Score		Time		Referee			
Home Team				Start		HP	2B		RF
Visiting Team				End		1B	3B		LF

#	Players	POS	1	2	3	4	5	6	7	8	9	AB	R	RBI

	Inning	1	2	3	4	5	6	7	8	9	10	11
S U M S	Runs											
	Hits											
	Errors											
	Left on base											

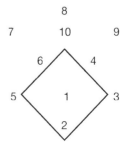

#	Pitchers	W/L/S	IP	H	R	ER	BB	SO	HB	BK	TBF

#	Catchers	PB

Pitching Nine Grid

Game Date ____/____/________		Final Score	Time	Referee		
Home Team			Start	HP	2B	RF
Visiting Team			End	1B	3B	LF

#	Players	POS	1	2	3	4	5	6	7	8	9	AB	R	RBI
			1B 2B 3B HR BB OUT	1B 2B 3B HR BB OUT	1B 2B 3B HR BB OUT	1B 2B 3B HR BB OUT	1B 2B 3B HR BB OUT	1B 2B 3B HR BB OUT	1B 2B 3B HR BB OUT	1B 2B 3B HR BB OUT	1B 2B 3B HR BB OUT			
			1B 2B 3B HR BB OUT	1B 2B 3B HR BB OUT	1B 2B 3B HR BB OUT	1B 2B 3B HR BB OUT	1B 2B 3B HR BB OUT	1B 2B 3B HR BB OUT	1B 2B 3B HR BB OUT	1B 2B 3B HR BB OUT	1B 2B 3B HR BB OUT			
			1B 2B 3B HR BB OUT	1B 2B 3B HR BB OUT	1B 2B 3B HR BB OUT	1B 2B 3B HR BB OUT	1B 2B 3B HR BB OUT	1B 2B 3B HR BB OUT	1B 2B 3B HR BB OUT	1B 2B 3B HR BB OUT	1B 2B 3B HR BB OUT			
			1B 2B 3B HR BB OUT	1B 2B 3B HR BB OUT	1B 2B 3B HR BB OUT	1B 2B 3B HR BB OUT	1B 2B 3B HR BB OUT	1B 2B 3B HR BB OUT	1B 2B 3B HR BB OUT	1B 2B 3B HR BB OUT	1B 2B 3B HR BB OUT			
			1B 2B 3B HR BB OUT	1B 2B 3B HR BB OUT	1B 2B 3B HR BB OUT	1B 2B 3B HR BB OUT	1B 2B 3B HR BB OUT	1B 2B 3B HR BB OUT	1B 2B 3B HR BB OUT	1B 2B 3B HR BB OUT	1B 2B 3B HR BB OUT			
			1B 2B 3B HR BB OUT	1B 2B 3B HR BB OUT	1B 2B 3B HR BB OUT	1B 2B 3B HR BB OUT	1B 2B 3B HR BB OUT	1B 2B 3B HR BB OUT	1B 2B 3B HR BB OUT	1B 2B 3B HR BB OUT	1B 2B 3B HR BB OUT			
			1B 2B 3B HR BB OUT	1B 2B 3B HR BB OUT	1B 2B 3B HR BB OUT	1B 2B 3B HR BB OUT	1B 2B 3B HR BB OUT	1B 2B 3B HR BB OUT	1B 2B 3B HR BB OUT	1B 2B 3B HR BB OUT	1B 2B 3B HR BB OUT			
			1B 2B 3B HR BB OUT	1B 2B 3B HR BB OUT	1B 2B 3B HR BB OUT	1B 2B 3B HR BB OUT	1B 2B 3B HR BB OUT	1B 2B 3B HR BB OUT	1B 2B 3B HR BB OUT	1B 2B 3B HR BB OUT	1B 2B 3B HR BB OUT			
			1B 2B 3B HR BB OUT	1B 2B 3B HR BB OUT	1B 2B 3B HR BB OUT	1B 2B 3B HR BB OUT	1B 2B 3B HR BB OUT	1B 2B 3B HR BB OUT	1B 2B 3B HR BB OUT	1B 2B 3B HR BB OUT	1B 2B 3B HR BB OUT			
			1B 2B 3B HR BB OUT	1B 2B 3B HR BB OUT	1B 2B 3B HR BB OUT	1B 2B 3B HR BB OUT	1B 2B 3B HR BB OUT	1B 2B 3B HR BB OUT	1B 2B 3B HR BB OUT	1B 2B 3B HR BB OUT	1B 2B 3B HR BB OUT			
			1B 2B 3B HR BB OUT	1B 2B 3B HR BB OUT	1B 2B 3B HR BB OUT	1B 2B 3B HR BB OUT	1B 2B 3B HR BB OUT	1B 2B 3B HR BB OUT	1B 2B 3B HR BB OUT	1B 2B 3B HR BB OUT	1B 2B 3B HR BB OUT			
			1B 2B 3B HR BB OUT	1B 2B 3B HR BB OUT	1B 2B 3B HR BB OUT	1B 2B 3B HR BB OUT	1B 2B 3B HR BB OUT	1B 2B 3B HR BB OUT	1B 2B 3B HR BB OUT	1B 2B 3B HR BB OUT	1B 2B 3B HR BB OUT			
			1B 2B 3B HR BB OUT	1B 2B 3B HR BB OUT	1B 2B 3B HR BB OUT	1B 2B 3B HR BB OUT	1B 2B 3B HR BB OUT	1B 2B 3B HR BB OUT	1B 2B 3B HR BB OUT	1B 2B 3B HR BB OUT	1B 2B 3B HR BB OUT			
			1B 2B 3B HR BB OUT	1B 2B 3B HR BB OUT	1B 2B 3B HR BB OUT	1B 2B 3B HR BB OUT	1B 2B 3B HR BB OUT	1B 2B 3B HR BB OUT	1B 2B 3B HR BB OUT	1B 2B 3B HR BB OUT	1B 2B 3B HR BB OUT			
			1B 2B 3B HR BB OUT	1B 2B 3B HR BB OUT	1B 2B 3B HR BB OUT	1B 2B 3B HR BB OUT	1B 2B 3B HR BB OUT	1B 2B 3B HR BB OUT	1B 2B 3B HR BB OUT	1B 2B 3B HR BB OUT	1B 2B 3B HR BB OUT			
			1B 2B 3B HR BB OUT	1B 2B 3B HR BB OUT	1B 2B 3B HR BB OUT	1B 2B 3B HR BB OUT	1B 2B 3B HR BB OUT	1B 2B 3B HR BB OUT	1B 2B 3B HR BB OUT	1B 2B 3B HR BB OUT	1B 2B 3B HR BB OUT			

SUMS	Inning	1	2	3	4	5	6	7	8	9	10	11
	Runs											
	Hits											
	Errors											
	Left on base											

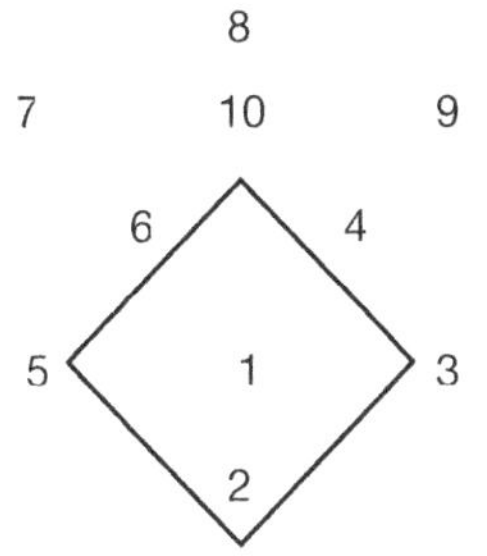

#	Pitchers	W/L/S	IP	H	R	ER	BB	SO	HB	BK	TBF

#	Catchers	PB

Pitching Nine Grid

Baseball Scorecard

Game Date ___/___/___		Final Score		Time		Referee		
Home Team				Start	HP	2B		RF
Visiting Team				End	1B	3B		LF

#	Players	POS	1	2	3	4	5	6	7	8	9	AB	R	RBI

	Inning	1	2	3	4	5	6	7	8	9	10	11
S U M S	Runs											
	Hits											
	Errors											
	Left on base											

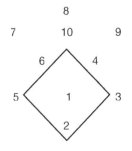

#	Pitchers	W/L/S	IP	H	R	ER	BB	SO	HB	BK	TBF

#	Catchers	PB

Pitching Nine Grid

Game Date ___/___/_____		Final Score		Time		Referee		
Home Team				Start		HP	2B	RF
Visiting Team				End		1B	3B	LF

#	Players	POS	1	2	3	4	5	6	7	8	9	AB	R	RBI

	Inning	1	2	3	4	5	6	7	8	9	10	11
S U M S	Runs											
	Hits											
	Errors											
	Left on base											

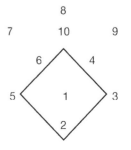

#	Pitchers	W/L/S	IP	H	R	ER	BB	SO	HB	BK	TBF

#	Catchers	PB

Pitching Nine Grid

Game Date ___/___/_____		Final Score	Time		Referee		
Home Team			Start	HP	2B	RF	
Visiting Team			End	1B	3B	LF	

#	Players	POS	1	2	3	4	5	6	7	8	9	AB	R	RBI

	Inning	1	2	3	4	5	6	7	8	9	10	11
S U M S	Runs											
	Hits											
	Errors											
	Left on base											

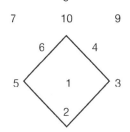

#	Pitchers	W/L/S	IP	H	R	ER	BB	SO	HB	BK	TBF

#	Catchers	PB

Pitching Nine Grid

Baseball Scorecard

Game Date ___/___/_____		Final Score	Time	Referee			
Home Team			Start	HP	2B	RF	
Visiting Team			End	1B	3B	LF	

#	Players	POS	1	2	3	4	5	6	7	8	9	AB	R	RBI

(Each inning cell contains: 1B 2B 3B HR BB with a baseball diamond and OUT marker)

	Inning	1	2	3	4	5	6	7	8	9	10	11
S U M S	Runs											
	Hits											
	Errors											
	Left on base											

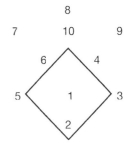

Position legend: 1 (Pitcher), 2 (Catcher), 3 (1B), 4 (2B), 5 (3B), 6 (SS), 7 (LF), 8 (CF), 9 (RF), 10 (diamond center)

#	Pitchers	W/L/S	IP	H	R	ER	BB	SO	HB	BK	TBF

#	Catchers	PB

Pitching Nine Grid

Game Date ___/___/_____		Final Score		Time		Referee			
Home Team				Start		HP	2B		RF
Visiting Team				End		1B	3B		LF

#	Players	POS	1	2	3	4	5	6	7	8	9	AB	R	RBI

	Inning	1	2	3	4	5	6	7	8	9	10	11
S U M S	Runs											
	Hits											
	Errors											
	Left on base											

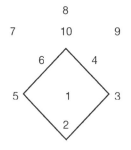

#	Pitchers	W/L/S	IP	H	R	ER	BB	SO	HB	BK	TBF		#	Catchers	PB

Pitching Nine Grid

Game Date ___/___/_____		Final Score		Time		Referee		
Home Team				Start	HP		2B	RF
Visiting Team				End	1B		3B	LF

#	Players	POS	1	2	3	4	5	6	7	8	9	AB	R	RBI

	Inning	1	2	3	4	5	6	7	8	9	10	11
S U M S	Runs											
	Hits											
	Errors											
	Left on base											

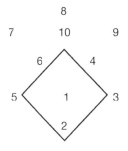

#	Pitchers	W/L/S	IP	H	R	ER	BB	SO	HB	BK	TBF

#	Catchers	PB

Pitching Nine Grid

Game Date ___/___/_____	Final Score	Time		Referee		
Home Team		Start	HP	2B		RF
Visiting Team		End	1B	3B		LF

#	Players	POS	1	2	3	4	5	6	7	8	9	AB	R	RBI

	Inning	1	2	3	4	5	6	7	8	9	10	11
S U M S	Runs											
	Hits											
	Errors											
	Left on base											

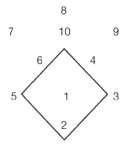

#	Pitchers	W/L/S	IP	H	R	ER	BB	SO	HB	BK	TBF		#	Catchers	PB

Pitching Nine Grid

Game Date ___/___/_____		Final Score		Time		Referee		
Home Team				Start		HP	2B	RF
Visiting Team				End		1B	3B	LF

#	Players	POS	1	2	3	4	5	6	7	8	9	AB	R	RBI

	Inning	1	2	3	4	5	6	7	8	9	10	11
S	Runs											
U	Hits											
M	Errors											
S	Left on base											

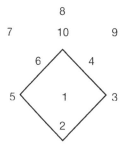

#	Pitchers	W/L/S	IP	H	R	ER	BB	SO	HB	BK	TBF

#	Catchers	PB

Pitching Nine Grid

Game Date ___/___/_____		Final Score		Time		Referee		
Home Team				Start	HP		2B	RF
Visiting Team				End	1B		3B	LF

#	Players	POS	1	2	3	4	5	6	7	8	9	AB	R	RBI

	Inning	1	2	3	4	5	6	7	8	9	10	11
S U M S	Runs											
	Hits											
	Errors											
	Left on base											

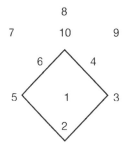

#	Pitchers	W/L/S	IP	H	R	ER	BB	SO	HB	BK	TBF		#	Catchers	PB

Pitching Nine Grid

Baseball Scorecard

Game Date ___/___/_____		Final Score		Time		Referee		
Home Team				Start		HP	2B	RF
Visiting Team				End		1B	3B	LF

#	Players	POS	1	2	3	4	5	6	7	8	9	AB	R	RBI

	Inning	1	2	3	4	5	6	7	8	9	10	11
S U M S	Runs											
	Hits											
	Errors											
	Left on base											

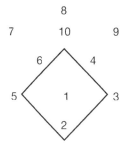

#	Pitchers	W/L/S	IP	H	R	ER	BB	SO	HB	BK	TBF

#	Catchers	PB

Pitching Nine Grid

Game Date ___/___/_____		Final Score		Time		Referee		
Home Team				Start	HP		2B	RF
Visiting Team				End	1B		3B	LF

#	Players	POS	1	2	3	4	5	6	7	8	9	AB	R	RBI

	Inning	1	2	3	4	5	6	7	8	9	10	11
S U M S	Runs											
	Hits											
	Errors											
	Left on base											

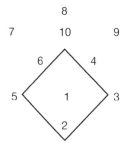

#	Pitchers	W/L/S	IP	H	R	ER	BB	SO	HB	BK	TBF

#	Catchers	PB

Pitching Nine Grid

Game Date ___/___/_____		Final Score		Time		Referee		
Home Team				Start	HP	2B		RF
Visiting Team				End	1B	3B		LF

#	Players	POS	1	2	3	4	5	6	7	8	9	AB	R	RBI

	Inning	1	2	3	4	5	6	7	8	9	10	11
S U M S	Runs											
	Hits											
	Errors											
	Left on base											

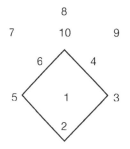

#	Pitchers	W/L/S	IP	H	R	ER	BB	SO	HB	BK	TBF

#	Catchers	PB

Pitching Nine Grid

Game Date ___/___/_____		Final Score		Time		Referee		
Home Team				Start	HP	2B		RF
Visiting Team				End	1B	3B		LF

#	Players	POS	1	2	3	4	5	6	7	8	9	AB	R	RBI

	Inning	1	2	3	4	5	6	7	8	9	10	11
S U M S	Runs											
	Hits											
	Errors											
	Left on base											

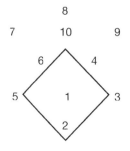

#	Pitchers	W/L/S	IP	H	R	ER	BB	SO	HB	BK	TBF		#	Catchers	PB

Pitching Nine Grid

Game Date ___/___/_____		Final Score		Time		Referee		
Home Team				Start	HP		2B	RF
Visiting Team				End	1B		3B	LF

#	Players	POS	1	2	3	4	5	6	7	8	9	AB	R	RBI

	Inning	1	2	3	4	5	6	7	8	9	10	11
S U M S	Runs											
	Hits											
	Errors											
	Left on base											

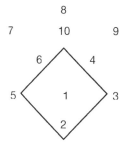

#	Pitchers	W/L/S	IP	H	R	ER	BB	SO	HB	BK	TBF

#	Catchers	PB

Pitching Nine Grid

Game Date ___/___/_____		Final Score		Time		Referee		
Home Team				Start	HP	2B		RF
Visiting Team				End	1B	3B		LF

#	Players	POS	1	2	3	4	5	6	7	8	9	AB	R	RBI

	Inning	1	2	3	4	5	6	7	8	9	10	11
S U M S	Runs											
	Hits											
	Errors											
	Left on base											

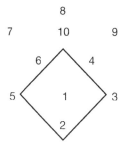

#	Pitchers	W/L/S	IP	H	R	ER	BB	SO	HB	BK	TBF		#	Catchers	PB

Pitching Nine Grid

Game Date ___/___/_____		Final Score		Time		Referee		
Home Team				Start	HP	2B	RF	
Visiting Team				End	1B	3B	LF	

#	Players	POS	1	2	3	4	5	6	7	8	9	AB	R	RBI

	Inning	1	2	3	4	5	6	7	8	9	10	11
S U M S	Runs											
	Hits											
	Errors											
	Left on base											

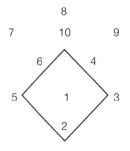

#	Pitchers	W/L/S	IP	H	R	ER	BB	SO	HB	BK	TBF

#	Catchers	PB

Pitching Nine Grid

Game Date ___/___/_____		Final Score		Time		Referee		
Home Team				Start	HP		2B	RF
Visiting Team				End	1B		3B	LF

#	Players	POS	1	2	3	4	5	6	7	8	9	AB	R	RBI

		Inning	1	2	3	4	5	6	7	8	9	10	11
S U M S		Runs											
		Hits											
		Errors											
		Left on base											

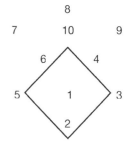

#	Pitchers	W/L/S	IP	H	R	ER	BB	SO	HB	BK	TBF		#	Catchers	PB

Pitching Nine Grid

Made in the USA
Middletown, DE
25 April 2021